Matthias Thomes

Mit Schwung durchs MÜNSTERLAND

Die schönsten Touren mit Pedelec & E-Bike

aktiv
KLARTEXT

BILDNACHWEIS

Adobe Stock: ©André Franke S. 94; ©Andrey Popov S. 160; ©annacovic S. 106; ©AnnaReinert S. 51, 60, 70, 77; ©ErnstPieber S. 33; ©Falko Göthel S. 150; ©hespasoft S. 22, 55, 151; ©hkama S. 143 o.; ©JueWeS. 73 li.; ©Kamzoom S. 41; ©kathomenden S. 91; ©lotharnahler S. 139, 141, 142; ©Iurii S. 104; ©Marcus Retkowietz S. 35, 92; ©Markus Quabach S. 101; ©MCM S. 19; ©Nicole Lienemann S. 79; ©pixs:sell S. 134; ©sehbaer_nrw S. 107; ©Sina Ettmer S. 129, 133, 157; ©Stephan Sühling S. 37, 52, 118; ©Tim S. 130,©Thomas S. 109; ©traveller70 S. 132; ©TwilightArtPictures S. 122; ©venemama S. 69, 81; dpa picture alliance: /DUMONT Bildarchiv | Arthur F. Selbach S. 119; /imageBROKER | C. Hütter S. 3, 6; /Jochen Tack S. 128; /Zoonar | Stefan Ziese S. 4, 103; Imago: /Eckhard Stengel S. 5; /Rüdiger Wölk S. 17; /Werner Otto S. 16, 113, 115; Hans Blossey S. 20, 63, 89, 96/97, 137; Matthias Thomes S. 18, 34, 43, 46, 47, 57, 58, 59, 62, 67, 83, 85, 108, 120, 125, 143 u., 152, 153; Wikipedia: ©Bocholter_CC BY-SA 3.0 S. 25; ©BriandeSelby_CC0 S. 65; ©Corradox_CC BY-SA 3.0 S. 73 re.; ©Daniel Brockpähler_CC BY-SA 3.0 S. 157; ©Daniels_CC BY-SA 2.5 S. 48; ©Dietmar Rabich_CC BY-SA 4.0 S. 93; ©Gouwenaar_Gemeinfrei S. 15; ©Günter Seggebäing_CC BY-SA 3.0 S. 32, 61, 74, 117 u.; ©FGK_CC BY-SA 4.0 S. 117 o., ©J.-H. Janßen_CC BY-SA 4.0. S. 82; ©Josef-Lehmkuhl_Gemeinfrei S. 98; ©Michielverbeek_CC BY-SA 3.0 S. 31; ©Pindamatthes_CC BY-SA 4.0 S. 64; ©Rene Stange_CC BY-SA 4.0 S. 50; ©Sharps_CC BY-SA 2.0S. 72; ©Stahlkocher_CC BY-SA 3 S. 38; ©STBR_CC BY-SA 3.0 S. 144; ©Subbass1_CC BY-SA 4.0 S. 29; ©ThomasPusch_CC BY-SA 3.0 S. 46, 86; ©Westerdam_CC BY-SA 3.0 S. 71; Stefan Ziese S. 11, 13, 23, 27, 147, 149, 155

Dank an Roswitha Müller-Krüger für das Korrekturlesen

Bibliografische Information der Deutschen Nationalbibliothek
Die Deutsche Nationalbibliothek verzeichnet diese Publikation in der Deutschen Nationalbibliografie; detaillierte bibliografische Daten sind im Internet über http://portal.dnb.de abrufbar.

IMPRESSUM

1. Auflage März 2023
Kartenerstellung: Leon Thomes
Satz und Gestaltung: Joachim Bartels
Umschlagfotos: Joachim Bartels; dpa picture alliance: /Bildagentur-online/Schoening (U4)
Karten Inhalt: OpenstreetMaps
Druck und Bindung: Multiprint GmbH, Kostinbrod 2230, Slavianska Str. 10 A, Bulgarien

ISBN 978-3-8375-2532-8

KLARTEXT

Jakob Funke Medien Beteiligungs GmbH & Co. KG
Jakob-Funke-Platz 1, 45127 Essen
info.klartext@funkemedien.de
www.klartext-verlag.de

LEGENDE:

- Fahrzeit pro Strecke
- Streckenlänge
- 219 m Höhendifferenz der Strecke
- Schwierigkeitsgrad der Strecke
  - leicht
  - mittel
  - schwer
- Start
- Ziel (Endpunkt)
- Besondere Hinweise zur Strecke
- 5 Knotenpunkt (D)
- 6 Knotenpunkt (NL)
- Tourist-Info
- Bahnhof/ÖPNV
- Parkplatz am Startpunkt
- Gastronomie mit Biergarten
- E-Bike-Auflademöglichkeiten/-stationen
- Streckencharakter
- Aussichtspunkte
- Schiffsanleger
- Badestelle
- Kirche/Kloster
- Besondere Sehenswürdigkeiten entlang der Strecke
- Museum
- Schloss/Burg
- Ausflugsziel
- Camping

INHALT

Touren

Mit Schwung durchs **MÜNSTERLAND**
Entspannt Radeln im Fahrradparadies

Dieser Reiseführer beschreibt das Münsterland. Diese Region macht den größten Teil der Westfälischen Bucht aus, die im Westen durch die Niederlande begrenzt wird. Im Norden wird sie durch den Gebirgszug des Teutoburger Waldes eingerahmt und geht im Osten unmerklich über in die Paderborner Hochfläche. Die südliche Grenze zieht sich in etwa zehn Kilometern Abstand längs des Flusslaufs der Lippe bis nach Lippstadt.
Das Münsterland ist überregional bekannt durch seine zahlreichen prächtigen Wasserschlösser. Insgesamt gleicht die Region mit ihren kleinen Waldstücken, Wallhecken und der kleinteiligen Landwirtschaft einer lieblichen Parklandschaft. Münsterland ist Fahrradland, denn Fahrradfahren ist im Münsterland nicht nur eine Zeiterscheinung, sondern man fuhr eigentlich schon immer Fahrrad. Es gibt daher wohl mehr Fahrräder als Einwohner. Deutlich zu spüren ist es in der Fahrradstadt Münster, der einzigen Großstadt des Münsterlandes. Zwölf ausgewählte Touren zwischen 45 und 75 Kilometer (Tour 3 ist 86 Kilometer lang) mit jeweils einem anderen Schwerpunkt laden ein, diese Region zu erkunden. Zudem gibt es Möglichkeiten, Touren zu kombinieren oder auch einzelne Touren abzukürzen.
Lassen wir noch die Dichterin Annette von Droste-Hülshoff zu Wort kommen, die durch ihre ungewöhnliche Sprachkraft berühmt ist. In ihrem Buch „Westfälische Schilderungen" schrieb sie unter anderem auch über ihre Heimat:

„Wir befinden wir uns in dem Herzen des Münsterlandes,
in einer Gegend, die so anmutig ist, wie der gänzliche Mangel
an Gebirgen, Felsen und belebten Strömen
dieses nur immer gestattet."

Viel Freude beim schwungvollen Erkunden des Münsterlands.

Tipps
FÜR FAHRTEN DURCH DAS MÜNSTERLAND

1. Ein Muss für jede Radfahrerin und für jeden Radfahrer: der Helm. Schützen Sie sich vor Kopfverletzungen bei Stürzen und zugleich vor zu viel Sonneneinstrahlung.

2. Das Schönste am Fahrradfahren sind die Picknickpausen in der freien Natur, wozu insbesondere das Münsterland einlädt. Denken Sie also an nahrhafte Energiespender und ausreichend Trinkbares. An heißen Sommertagen kann der menschliche Körper schon mal erstaunliche Mengen an Flüssigkeit (und auch Salz) ausschwitzen. Aber keine Sorge – Sie stoßen flächendeckend auf einladende Gastronomie. In diesem Buch sind ausschließlich Außengastronomien erwähnt, so dass Sie also Ihr Fahrrad im Blick haben und vorzugsweise auch eine schöne Aussicht genießen können.

3. Auch wenn auf jeder Tour E-Bike-Ladestationen vorhanden sind, sollten alle Etappen mit einer vollgeladenen Batterie angetreten werden. Für alle Fälle ist es zweckmäßig, einen Mehrfachstecker mitzunehmen, um unter Umständen auch „Steckdosen am Weg" zu nutzen.

4 Sie fahren im Münsterland weitgehend in Ebenen, wo ein geringer Unterstützungsgrad ausreicht oder der Motor gar nicht benötigt wird. Eine möglichst gleichmäßige und vorausschauende Fahrweise spart Strom.

5 Planen Sie großzügig Zeit ein für die Touren. Es gibt viele Sehenswürdigkeiten auf der Strecke und es wäre schade, an diesen einfach nur vorbeizufahren.

6 Genuss braucht Weile. Unsere „Tour de Münsterland" ist kein Straßenrennen. Zudem werden die Wege an den Hot Spots (z. B. Seen oder Gewässer) auch von Spaziergängern genutzt. Hier gehört die Rücksicht zum guten Fahrstil – womöglich ist auch Schrittgeschwindigkeit erforderlich.

7 Sorgen Sie dafür, dass Sie immer ein gut geladenes Mobiltelefon dabeihaben, das sich als wertvoller Begleiter für alle Fälle erweisen kann.

8 Nehmen Sie Ihr Ladegerät mit. Berücksichtigen Sie bei Ihren Planungen auch ggf. die Öffnungszeiten der Stromtanken. Nicht alle sind 24 Stunden am Tag frei zugänglich.

TOUR 1

Im westlichsten Zipfel des Münsterlandes

Die Grenzroute

Unsere erste Tour beginnt im äußersten Südwesten des Münsterlands. Während der Nordosten von Bocholt bereits durchschnittlich 30 Meter höher liegt, zählt der Westen schon zur niederrheinischen Tiefebene und ist gänzlich flach. Ein größerer Teil der Route führt längs der deutsch/niederländischen Grenze. Wir werden dabei viel darüber erfahren, was die Grenze früher für die Menschen bedeutete. Für die Leser der jüngeren Generation dürfte diese Tour deshalb besonders aufschlussreich sein. Diese Tour hält auch ein Highlight bereit. Wir sehen eins der prächtigsten Wasserschlösser des Münsterlandes.

3:20 Std.

50 km

Ruhige Wirtschaftswege, längeres Stück auf einem Uferradweg, Keinerlei Steigungen

Das Bocholter Rathaus

Die Tourdaten auf einen Blick

Parkplatz am Aasee
Im Königsesch 2
46395 Bocholt

Bahnhof Bocholt
(RE 19 von Düsseldorf)

In Kombination mit der Route 2 ist auch eine Zwei-Tage-Tour möglich. Abkürzungsmöglichkeit zwischen Knotenpunkt 54 und 18 (ca. 12 Kilometer weniger)

STRECKENPROFIL

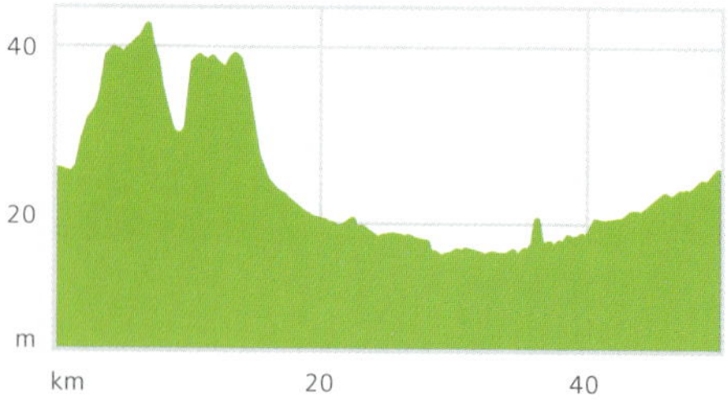

MAX. HÖHE
42 M

FAMILIEN

Wissenswertes, Abenteuer, Freizeitangebote... jedes Familienmitglied kommt auf seine Kosten.
Spaßfaktor:
★★★★★

GASTRO

Gastronomieangebote sind auch auf der Strecke vorhanden.
Gastro-Dichte:
★★★★★

UNTER STROM

Die Streckenlänge ist überschaubar und flach. Eine normale Akkuladung dürfte reichen.
Schubkraft:
★★★★☆

Drehscheibe vor dem Textilmuseum in Bocholt

Von Bocholts Sackbahnhof aus fahren wir rechts über den Stadtring bis zum nahen Fluss Aa. Diesen begleitet ein Radweg, der uns rechts am Textilmuseum zum Knotenpunkt 42 führt, wo wir eine Hauptstraße berühren (Autofahrer halten sich vom Parkplatz am Aasee links). Hier biegen wir scharf links (Richtung Winterswijk) ab und erreichen eine weitere Ausfallstraße, die wir links versetzt überqueren. Die „Blücherstraße" endet an einem kleinen Kreisverkehr, wo der örtliche Stadtwald dann eine breite autofreie Straße für uns bereit behält. Auf dem Weg dahin passieren wir eine denkmalgeschützte Siedlung aus den zwanziger Jahren („Beckmannplatz", links über „Seydlitzstraße") und den städtischen Friedhof.

Am Ende des Waldes finden wir auf unserer linken Seite eine Schautafel, die uns über das ehemalige Bocholter Stadtwaldlager informiert. Es existierte über 30 Jahre und seine wechselnden Insassen spiegelten die jeweilige, politische Großwetterlage wider. In der Zeitphase des Zweiten Weltkriegs (als Kriegsgefangenenlager Stalag VI F) kamen hier etwa 2000 russische Soldaten ums Leben. Wir umfahren links (Knotenpunkt 97) das ehemalige Lager, um dann am nächsten Knotenpunkt (35) rechts abzubiegen. Der Radweg liegt etwas versteckt zwischen Häusern. Der separate Radweg verläuft über die ehemalige Bahnstrecke von Bocholt ins niederländische Winterswijk durch eine reizvolle Landschaft. Der Personenverkehr wurde bereits nach dem Ersten Weltkrieg weitgehend eingestellt und schließlich endete 1989 auch der Güterverkehr auf dem letzten kurzen Teilstück bis zum Bocholter Ortsteil Barlo.

Beim nächsten Knotenpunkt (36) wechseln wir erneut die Richtung. Diese Strecke führt

SCHON GEWUSST?

Es ist verwirrend. Dem Flussnamen Aa begegnen wir überall im Münsterland. Etwa 20 Flüsse tragen diesen Namen. „Aa" ist eine typische Bezeichnung im gemeinsamen niederländisch/niederdeutschen Sprachraum und heißt eigentlich nichts anderes als Wasser und Fluss. Um sie voneinander unterscheiden zu können, wird ein Ortsname vorgesetzt. Beispielsweise hat die Münstersche Aa (mündet in die Ems) nichts mit der Bocholter Aa (mündet in die Issel) zu tun. In beiden Städten (und anderen Orten) gibt es auch einen Aasee. Alles klar?

Schloss Diepenbrock

zum Schloss Diepenbrock, das wir bald im nahen Waldstück auf unserer rechten Seite sehen. Wir nehmen besonderes die Bäume in Augenschein, um ein Prachtexemplar einer alten Kastanie nicht zu verpassen. Um das Schloss selbst mit seinem Burgtor näher betrachten zu können, fährt man rechts die Kreisstraße um den Schlossteich herum. Dahinter wird die Kreisstraße umsäumt von einer prächtigen Baumallee. Wir verlassen hier das ausgeschilderte Fahrradwegnetz und radeln die Kreisstraße links weiter und nehmen die erste Möglichkeit rechts („Zum Venn") wahr. Auf dieser Straße bleiben wir, bis sie bei einer T-Kreuzung endet. Hier nimmt uns der „Kreuzkapellenweg" (jetzt auch wieder beschildert) auf, der uns links bis nach Dinxperlo führt. Geradeaus beginnt bereits nach kurzer Entfernung die Niederlande. Für das Münsterland haben wir eine relative Weitsicht über weite Felder. Wie der Straßenname Venn schon andeutet, handelt es sich um ein ehemaliges Moorgebiet.

Asphaltiert/ nicht asphaltiert: **70:30**

Verkehrsarme Straßen/autofreier Streckenanteil: **65:35**

Entdecken/Abschalten, Entspannen: **20:80**

An der nächsten Kreuzung erinnert ein großes Kreuz mit einem Altar an den Standort einer Grenzkirche (Kreuzkapelle), die früher hauptsächlich von niederländischen Katholiken genutzt wurde, die in ihrem calvinistisch geprägten Heimatland keinen Gottesdienst feiern durften. Nur ein Steinwurf davon entfernt liegt die sogenannte „Grüne Grenze" (Grenzübergang für Fuß- und Fahrradfahrer). Oft handelt sich bei diesen kleinen Wegen um ehemalige Schmugglerpfade. Dort lädt ein Picknickplatz zur Pause zu ein. Auf einem kleinen Hügel steht ein alter Grenzstein von 1766.

Skulptur „Schmuggler mit Hahn" in Suderwick

Wir radeln den „Kreuzkapellenweg" (im weiteren Verlauf „Am Reyerdingsbach" und „Elf-Apostel-Weg") weiter Richtung Südwesten an einer Reihe von Bauernhöfen vorbei (Knotenpunkte NL28 und 39). Die Route verläuft nun oft in Sichtweite der Grenze und wird begleitet von meterhohen Hecken. Im „europäischen Dorf Dinxperwick" (zusammengesetzt aus den Ortsnamen Dinxperlo und Suderwick) berühren wir

Eine ultimative Grenzerfahrung erleben wir im „Zwillingsdorf" Suderwick/Dinxperlo, wo die Landesgrenze zwischen Deutschland und den Niederlanden mitten durch zwei zusammengewachsene Orte verläuft. Dank der Europäischen Union ist die Grenze heute nicht mehr spürbar und manchmal merkt man kaum, auf welchem Staatsgebiet der beiden Länder man sich gerade befindet. Besonders markant ist der Hellweg (niederländische Heelweg), auf dem sich das eigentümlichste Gebäude des Ortes befindet, das deutsch-niederländische Altenpflegeheim. Das Haus besteht aus zwei Gebäudeteilen, wovon einer auf deutscher und der andere auf der niederländischen Straßenseite liegt. Die beiden Häuser sind durch eine Gebäudebrücke miteinander verbunden. Es gibt z. B. auch eine gemeinsame Polizeistation. In diesem kleinen Städtchen wird wahrlich der europäische Gedanke umgesetzt. Die wechselhafte Geschichte der Grenze ist durch viele aus heutiger Sicht eigenartige Exponate konserviert im Grenzlandmuseum (wiederum im niederländischen Teil).
Markt 3, NL-7091 CJ Dinxperlo, Tel. 0031 315 65 6245
www.grenslandmuseum.nl
Weitere Info über diesen ganz ungewöhnlichen Ort
www.dinxperwick.info

an einem restaurierten alten Grenzstein kurz die Niederlande. Den markantesten Teil dieses Orts erleben wir beim Befahren des Hellwegs (niederländisch Heelweg). Die linke Straßenseite ist deutsches Staatsgebiet (Laternen, Bushaltestelle) und die rechte Seite niederländisch. Gleich eine Reihe von Denkmälern und Schautafeln berichten von der Besonderheit dieses Ortes und die damit verbundenen Schicksale der Bewohner. Erst jüngst war die Grenze wieder sehr spürbar, als in dem Ort unterschiedliche Coronaregeln galten.

Am Ende der Straße können wir rechts das gemütliche Ortszentrum von Dinxperlo anfahren. Unmittelbar neben der spätgotischen Kirche befindet sich auch das interessante Grenzlandmuseum (Grenslandmuseum), sowie einige Cafés.

Unsere Route führt uns zügig aus dem Grenzort hinaus und durch die Felder zum nahen Fluss, der Bocholter Aa (Knotenpunkt 54).

Gruftkapelle von Fürst Salm-Salm

Hier haben wir die Möglichkeit, auch direkt an der Aa nach Bocholt zurückzufahren (flussaufwärts) und den Bogen über Anholt auszulassen (ergibt ca. 12 Fahrkilometer weniger).

Unsere vorgesehene Tour führt hingegen rechts längs der Aa, die wir nach ca. zwei Kilometern verlassen (Knotenpunkt 66, Richtung Anholt). Die Straße führt nun südwärts auf Anholt zu. Unterwegs umrunden wir die fürstliche Gruftkapelle (Knotenpunkt 65), die den Fürsten von Salm-Salm als Mausoleum dient und ursprünglich als Grenzkirche errichtet wurde.

Im äußersten Südwesten vom Münsterland gelegen, war Anholt als Grenzort zu den Herzogtümern Kleve und Geldern stark befestigt. Nach den unruhigen Zeiten des Dreißigjährigen Krieges stabilisierte sich die Lage und Fürst Karl Theodor Otto zu Salm ließ die alte Wehrburg zu einer repräsentativen barocken Residenz umbauen. Das Wasserschloss Anholt mit seinen gepflegten Gärten und Parkanlagen gehört zweifellos zu den prächtigsten Schlössern des Münsterlands (diente u. a. als Kulisse einer Fernsehserie). Es beherbergt ein Museum (Kunstsammlung und Bibliothek) und ein Parkhotel mit einer schönen Terrasse am Wasser und mit Blick auf den weitläufigen Schlosspark.
Schloss 1, 46419 Isselburg-Anholt, Tel. 02874 90089 0
www.wasserburg-anholt.de

Die kleine Ortschaft Anholt musste nach dem Krieg weitgehend neu aufgebaut werden. Im Ortskern steht noch das historische Rathaus. Die sehenswerte turmlose neoromanische St.-Pankratius-Pfarrkirche ist im Kircheninnern großzügig ausgemalt und mit einem reichen Plattendekor ausgeschmückt. Um den Ortskern herum sind noch mittelalterliche Schutzwälle erhalten. Zu der eigentlichen Sehenswürdigkeit Anholts biegen wir an der Hauptstraße links ein (Knotenpunkt 44) und gelangen nach ein paar hundert Metern zum prächtigen großen Wasserschloss Anholt. Übrigens bewegen wir uns nur noch 15 Meter über dem Meeresspiegel – die tiefste beschriebene Stelle in diesem Buch.

Anholt hat noch eine zweite Sehenswürdigkeit zu bieten – die Anholter Schweiz. In einem großen Biotopwildpark werden heimische Tiere (u. a. Luchs, Braunbär, Wolf) artgerecht gehalten. Hierzu fahren wir die Hauptstraße ein kleines Stück weiter und biegen beim Knotenpunkt 19 links ab.

Biotopwildpark Anholter Schweiz mit dem „Schweizer Haus"

Der Biotopwildpark beherbergt rund 50 heimische Tierarten. Der Park existiert schon seit über 100 Jahren. Der Name „Anholter Schweiz" rührt von einem Holzhaus im Park, das original nach Schweizer Plänen errichtet wurde. Der damalige Schlossherr und Schweiz-Liebhaber Leopold Fürst zu Salm-Salm ließ nach dem Vorbild des Vierwaldstätter Sees einen Landschaftspark mit Miniatursee und Felsenkulisse errichten. Im steinlosen flachen Westmünsterland war es sicherlich eine Herausforderung für die beauftragten Gartenarchitekten, ein Schweizer Idyll zu erschaffen.
Pferdehorsterstr. 1, 6419 Isselburg-Anholt, Tel. 02874 45355
www.anholter-schweiz.de

Hinter dem Eingang zum Park geht es angenehm durch ein Wäldchen und dann in einem Rechtsbogen auf den Ort Isselburg zu. Von der einst mächtigen Burg ist allerdings nur ein kleinerer restaurierter Wehrturm zu sehen. Bereits seit Ende des 18. Jahrhunderts ist das Städtchen Standort der Isselburger Hütte. In der Isselniederung gab es noch vor dem Entstehen der ersten Schwerindustrie im Ruhrgebiet Eisenhütten. Das Eisenerzvorkommen war allerdings überschaubar und nur noch einige Namen (Brüggenhütte und Eisenhütte) und eine Skulptur (Krangießpfanne) am Marktplatz erinnern an die einstige industrielle Bedeutung dieses Landstrichs.

Wir wenden uns am Knotenpunkt 62 Richtung Bahnhof Bocholt und am Knotenpunkt 42 durch den Schüttensteiner Wald zurück zur Aa (Knotenpunkt 18). Der autofreie Pfad führt uns längs der Aa bis ins Zentrum der Stadt Bocholt (Knotenpunkte 31, 47, 43 und 55). Der letzte Abschnitt bietet uns also eine angenehme und bequeme Fahrt. Über weite Teile wird der Pfad flankiert von einer meterhohen Hecke. Beim Blick auf das Gewässer gibt es immer wieder Gelegenheiten, Wasservögel zu beobachten. Verschiedene

Schautafeln erläutern das Vorhaben, den begradigten Fluss wieder zu renaturieren. Und am alles perfekt zu machen, gibt es auf den Weg auch Picknickplätze.

Am Stadtring angekommen biegen wir ganz rechts ein, am neuen Rathaus vorbei und folgen weiter der Aa zum nahen Bahnhof (oder auf dem Stadtring einfach weiterfahren). Radler, die mit dem Auto angereist sind, fahren zu ihrem Wagen knapp einen Kilometer weiter (über die „Industriestraße").

Bocholt ist die drittgrößte Stadt im Münsterland. Herausragende Sehenswürdigkeiten sind die gotische Hallenkirche St. Georg und das Historische Rathaus. Bedeutendstes Ausstattungsstück der Pfarrkirche ist das wesentlich ältere Bocholter Kreuz, das bis Anfang des 19. Jahrhunderts Ziel von regionalen Wallfahrten war. Das Rathaus ist im Stil der Niederländischen Renaissance errichtet. Die Fassade ist durch die Verwendung verschiedener Baumaterialien sehr gelungen symmetrisch gestaltet. Der heilige Georg (der Drachentöter), der Schutzpatron der Stadt, krönt die Spitze des reich verzierten Zwerchgiebels. Das in der Nähe liegende „Neue Rathaus" des bekannten Architekten Gottfried Böhm steht mittlerweile auch unter Denkmalschutz. Die Geschichte Bocholts ist eng verbunden mit einer jahrhundertlangen Textilherstellung (siehe auch Tour 2).

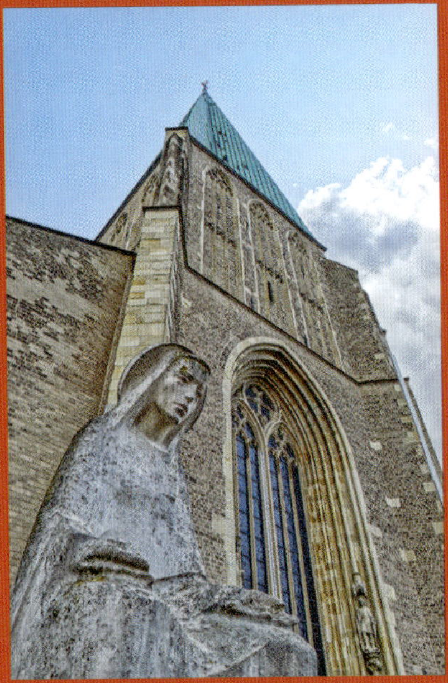

St. Georg in Bocholt

Die Aa in Bocholt

Tour-Infos

E-Bike Ladestation
Rathaus Nordseite
Markt 1
46399 Bocholt

Tourist-Info Bocholt
Nordstraße 14
46399 Bocholt
Tel. 02871 5044
www.bocholt.de

WEITERE AUSFLUGSZIELE:

Wildgehege im Stadtwald Bocholt
Wiener Allee
46397 Bocholt

Gaststätten mit Biergarten

Ribhouse Texas

(im Stadtwald)
Wiener Allee 10
46397 Bocholt
Tel. 02871 261179
www.ribhouse-texas.de

Gasthaus AlmRuhe

(Wildpark)
Pferdehorster Straße 1A
46419 Isselburg-Anholt
Tel. 02874 9008835
www.gasthaus-almruhe.de

Dinxperlo

Gastronomie rund um die Pfarrkirche

Bocholt

Reichliche Gastronomie am „Markt" und „Ravardistraße"

TOUR 2

Im Naturpark:

Die Aa-Route

Wir starten erneut in Bocholt. Doch erkunden wir dieses Mal die Landschaft östlich davon. Wir folgen dabei zunächst dem Flusslauf der Aa Richtung Quelle, um dann nachher in einem großen Bogen vorbei an dem prächtigen Schloss Raesfeld wieder an den Start zurückzukommen. Dabei berühren wir die kulturelle Grenze zwischen Westfalen und dem Rheinland, die von der Issel markiert wird. Das Gebiet liegt im Naturpark Hohe Mark. Insbesondere die letzten 15 Kilometer sind durch große Naturschutzgebiete und größere einsame Wälder geprägt.

4:30 Std. | **68 km** | **Abwechslungsreich, keine Steigungen**

Der Aasee in Bocholt

Die Tourdaten auf einen Blick

Parkplatz am Aasee
Im Königsesch 2
46395 Bocholt

Bahnhof Bocholt
(RE 19 von Düsseldorf)
unterwegs:
Bahnhof Borken
(RE 14 von Essen)

In Kombination mit der Route 1 ist auch eine Zwei-Tage-Tour möglich. Alternativroute längs der Aa zurück nach Bocholt (ca. 20 Kilometer kürzer)

STRECKENPROFIL

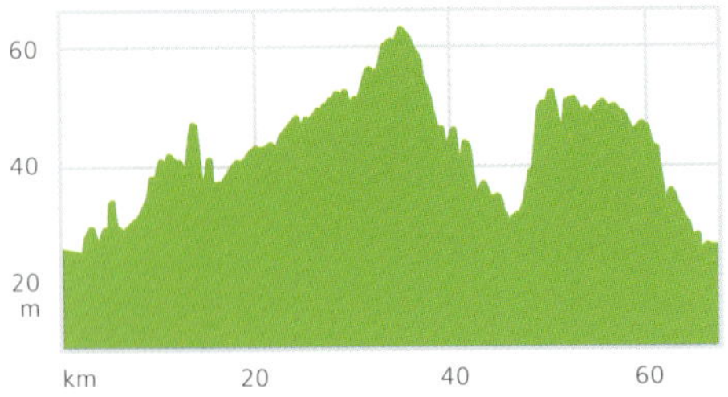

MAX. HÖHE
64 M

FAMILIEN

Abwechslungsreiche Route mit Wald, Fluss, See und zwei Freizeitgebieten.
Spaßfaktor:

★★★★★

GASTRO

Reizvolle Gastronomieangebote unterwegs in schöner Lage
Gastro-Dichte:

★★★★★

UNTER STROM

Etwas längere Streckendistanz, aber keine Steigungen. Es gibt mehrere Ladestationen unterwegs.
Schubkraft:

★★★★★

Karmeliterkloster Marienthal, Hamminkeln

Der Treffpunkt ist derselbe wie bei der Tour 1, allerdings wenden wir uns dieses Mal gen Osten. Vom Sackbahnhof in Bocholt halten wir uns rechts und stoßen hinter der großen Kreuzung direkt auf das Verkehrsschild, das uns rechts nach Rhede/Borken weist. (Zum Zeitpunkt der Recherche war der Uferradweg noch im Bau – in diesem Fall schon an der Kreuzung rechts abbiegen). Radler, die mit dem Auto angereist sind, fahren links kurz über die Hauptstraße und treffen am Knotenpunkt 42 auf die Route.

Asphaltiert/
nicht asphaltiert:
70:30

Verkehrsarme
Straßen/autofreier
Streckenanteil:
55:45

Entdecken/Abschalten,
Entspannen:
20:80

Gleich zum Beginn unserer Tour erwartet uns mit dem Aasee ein größeres Freizeitgebiet mit Picknickplätzen. Am Anfang sehen wir eine größere Informationstafel über die 455 km lange Flamingo(rad)route, die hier ihren äußersten westlichen Punkt erreicht. Der Name der Route wirkt ungewöhnlich. Was es damit auf sich hat, können wir hautnah bei der Tour 3 erleben.

Wir radeln längs des nördlichen Seeufers und biegen an dessen Ende hinter einem Parkplatz links ab. Einige hundert Meter weiter durchqueren wir das Naturschutzgebiet „Hohenhorster Berge". Der Name mag uns nicht erschrecken. Hierbei handelt es sich nur um ein paar niedrige Dünen. Die Aa bildet hier eine kaum sichtbare breite Senke. Dieses „Tal" wurde indirekt vom Urstrom des Rheins gebildet, der am Ende der Eiszeit die rheinische Landschaft entwässerte. Geologisch zählt diese Region also noch zum Niederrheinischen Tiefland.

Nach ein paar Feldern passieren wir – bereits auf Rheder Boden – ein weiteres Waldgebiet. Hinter der Überquerung der Schnellstraße wenden wir uns beim Knotenpunkt 52 nach links, obwohl die Route geradeaus weiter nach Borken zeigt. Ein paar hundert Metern weiter unterqueren wir erneut die Schnellstraße und folgen autofrei einem Bach (Rheder Bach) bis ins Zentrum der Stadt Rhede. Am Rathaus und am Kirchplatz finden wir reichlich Gastronomie mit Biergärten. Es lohnt sich übrigens ein Blick in die neugotische Hallenkirche St. Gudula, die mit dem 77 Meter hohem Kirchturm das Stadtbild von Rhede dominiert. Die neugotische Ausstattung (incl. Fenster) hat den architektonischen Einfluss des Vatikanischen Konzils komplett überlebt und gilt als ein besonderes Beispiel des Historismus.

Innenansicht von St. Gudula in Rhede

Direkt hinter dem mächtigen Backsteinkirchbau führt uns die Route links ab zum Wasserschloss Rhede, das allerdings im Privatbesitz ist und so nur von außen betrachtet werden kann. Hinter dem Schloss weist uns der Weg in den Rheder Busch. Nur wenige hundert Meter vom Stadtkern Rhede entfernt ist es überraschend, sich in einem recht großen Wald wiederzufinden, den wir insbesondere bei heißen Sonnentagen zu schätzen wissen.

Am Ende des Waldes umfahren wir eine große Altdeponie (nicht mehr in Betrieb), auf der nun eine 7.000 Quadratmeter große Fotovoltaik-Anlage Strom erzeugt und in der das Deponiegas in einem Blockheizkraftwerk verwertet wird. Am Knotenpunkt 57 (links) wurde die Aa über einen Streckenabschnitt von einem Kilometer renaturiert (dort ist auch ein Picknickplatz). Im nahen Wald beginnt die große Freizeitanlage Haus Pröbsting,

Haus Pröbsting

die wir auf der gesamten Länge durchqueren. Hier werden zahlreiche Aktivitäten angeboten. Unser Radweg ist zugleich auch der Planetenweg der Stadt Borken. Am Ende der Freizeitanlage (Knotenpunkt 59) kommen wir direkt am Haus Pröbsting aus. Da der Profanbau im Privatbesitz ist, lässt sich die Größe der mit einer Gräfte umgebenen Anlage von außen nur erahnen.

Der 120 Hektar große Freizeitpark westlich von Borken wartet mit einem reichen Angebot an Freizeitmöglichkeiten auf (Bootsverleih, Kletterwald, Badesee, Spielplätze, Gastronomie etc.). Einen Picknickplatz gibt es beim Bootshaus. Namensgeber des Parks ist das Haus Pröbsting, ein Rittergut aus dem 13. Jahrhundert. Nach der Sanierung im Jahre 1988 erstrahlt es heute als schmuckes Wasserschloss und hat eine neue Nutzung als Klinik.

Hier am Knotenpunkt ignorieren wir die roten Hinweisschilder, fahren rechts zu der nahen Bundesstraße. Wir nutzen nur kurz den begleitenden Radweg und biegen halb links in einen separaten Radweg (keine Hinweisschilder) ein. Wir befinden uns auf einer ehemaligen Bahntrasse, auf der bis 1974 Personenzüge von Bocholt über Borken und Coesfeld nach Münster fuhren. Diese Trasse soll mal Teil eines Radschnellweges werden (RS2 von Isselburg nach Coesfeld). Das Projekt befindet sich allerdings noch in der Planungsphase. Wir nutzen schon mal dieses Teilstück und erreichen so angenehm und autofrei die Innenstadt von Borken. Am Knotenpunkt 56 stoßen wir wieder auf die Schilder des Fahrradwegenetzes.

Borken, die Kreisstadt des gleichnamigen Landkreises, wirbt mit seinen fünf alten Stadttürmen der ehemaligen mittelalterlichen Stadtbefestigung. Zentrum der Stadt ist die gotische Pfarrkirche St. Remigius mit ihrem 76 m hohen Turm. Unweit vom Marktplatz mit seinem historischen Rathaus präsentiert sich die gotische ehemalige Heilig-Geist-Kirche (Teil einer mittelalterlichen Armenstiftung) mit norddeutscher Backsteinfassade.

An dem Knotenpunkt lohnt sich ein kleiner Abstecher zur nahen Wasserburg Gemen (zwei Kilometer), die malerisch auf zwei Inseln in einem weitreichenden Gräftensystem liegt. Das wäre auch der Weg, wenn sie die verkürzte Route an der Aa entlang nach Bocholt nutzen möchten.

Burg Gemen war der Mittelpunkt der kleinen Herrschaft Gemen, ein reichsunmittelbares Territorium mitten im Hochstift Münster, das lange seine Unabhängigkeit bewahren konnte. Die heutige Bausubstanz der Ringburg stammt weitgehend noch aus dem Mittelalter und steht malerisch auf zwei Inseln in einem weitreichenden Gräftensystem. Die Anlage gehört seit dem Ende des Zweiten Weltkriegs dem Bistum Münster und wird als Jugendbildungsstätte (auch bekannt als „Jugendburg Gemen") genutzt. Von der alten „Freiheit Gemen" ist noch ein städtebauliches Ensemble erhalten.

Wir biegen rechts ein und folgen weiter autofrei der Borkener Aa (die in der Bocholter Aa mündet). Danach geht es links, wo wir auf Reste der Stadtmauer stoßen, sowie den größeren Diebesturm (einer von fünf erhaltenen Wehrtürmen), der in der Neuzeit zunächst als Stadtgefängnis diente und heute als Standesamt fungiert. Im Zickzackkurs geht es durch den inneren Stadtkern von Borken, vorbei an der alten Heilig Geist Kirche mit einer hübsch anzusehenden Backsteinfassade, dem alten Rathaus und letztlich der alten Propsteikirche St. Remigius, die wir einmal umfahren. Wir kommen wieder an der Aa aus, die hier durch einen Park fließt. Auf dieser Strecke passieren wir auch zwei weitere alte Wehrtürme (Kuhmturm von unserer Fahrrichtung ausgesehen hinter uns und den Wedemhoveturm) aus Backstein.

Kuhmturm Borken

Wir folgen nun dem Radwegweiser Richtung Raesfeld/Grütlohn (Knotenpunkt 61). Am Ende des Parks weisen Fahrradschilder in zwei verschiedene Richtungen nach Raesfeld. Also müssen wir uns entscheiden. Die kürzere Strecke verläuft geradewegs entlang der Bundesstraße 70 nach Raesfeld, während der andere Weg über ruhige Wirtschaftswege führt, aber dafür ca. vier Kilometer länger ist (nachfolgend beschrieben).

Schon bald lassen wir das Stadtgebiet hinter uns und fahren ein Stück unterhalb einer Schnellstraße, die wir nach ungefähr einem Kilometer unterqueren. Bei Knotenpunkt 40 kommen wir am Haus Döring (Herrenhaus aus dem 18. Jahrhundert im Privatbesitz) vorbei. Nach weiteren vier Kilometern ändern wir nochmals die Richtung (Knotenpunkt 58) und es geht schnurstracks über die Bauernschaft Grütlohn gen Raesfeld. Unterwegs gibt es einen Wegweiser, der uns zur nahen Isselquelle führt (mit einem gemütlichen Picknickplatz).

Direkt am Ortsrand von Raesfeld wirbt ein beliebter Radlertreff mit Kuchen und Akkustrom. Wir durchqueren einmal das kleine Städtchen (Knotenpunkte 63 und 64) und biegen an der Kirche scharf rechts ab. Die eigentliche Hauptattraktion des Ortes – das gleichnamige Schloss – liegt am südwestlichen Stadtrand. Innerhalb der Ortschaft folgen wir dem Wegweiser Richtung Hünxe und Wasserschloss. Schon bald leitet uns der Blick auf den 50 Meter hohen Schlossturm.

Eindrucksvolle Aussicht von der Westseite auf das Schloss Raesfeld

Bereits die Vorburg wirkt gewaltig und noch beeindruckender ist das eigentliche Wasserschloss, obwohl nur ein Flügel erhalten ist. Hier gebietet ein Schild, dass Radfahrer ausnahmsweise auf dem Radweg ihr Fahrrad zu schieben. Zu Recht,

Unter Alexander II. von Velen wurde ein Vorgängerbau Mitte des 17. Jahrhunderts zu einem prächtigen Wasserschloss im Stil der Renaissance ausgebaut. Auch wenn nicht mehr alle Gebäudeteile erhalten sind, bietet das Schloss von der Südseite gesehen ein harmonisches Gesamtbild, das dominiert wird von dem 52,5 Meter hohen Schlossturm (der höchste Schlossturm in Westfalen). Heute ist der prächtige Backsteinbau im Besitz der Handwerkskammer. Dem Schloss war eine dörfliche Burgfreiheit angegliedert, von der noch einige denkmalgeschützte Gebäude stehen. Mit dem barocken Tiergarten und der vielfältigen Gastronomie ist Schloss Raesfeld ein beliebtes Ausflugsziel im südlichen Münsterland.
Naturparkhaus, Hagenwiese 40, 46348 Raesfeld, Tel. 02865 6091-0

denn an Ausflugstagen ist hier eine Menge los. Erstaunlich ruhig ist es dagegen ein paar Meter weiter auf der anderen Seite des Schlosses, obwohl es hier sogar den schönsten Blick auf das mächtige Schloss gibt.

Direkt am Schlossteich schließt sich ein reizvoller Wald (ehemaliger Tiergarten der Grafen) mit Teichen und einen Bach an, den wir in seiner ganzen Länge durchqueren. Am anderen Waldrand stehen ein paar Mauerreste, sowie ein Mühlstein einer ehemaligen Mühle. Es geht kurz links und dann wieder rechts. Noch einmal heißt es links/ rechts und nach etwa drei Kilometern mündet der Wirtschaftsweg in einer Kreisstraße, die uns wiederum nach weiteren drei Kilometern in den beliebten Ausflugsort Marienthal bringt (ab Knotenpunkt 12 Richtung Marienthal).

Die Issel wirkt hier schon erstaunlich breit, schließlich ist es noch gar nicht so lange her, dass wir ihre Quelle gesehen haben. Sehenswert ist in dem kleinen Ort die gotische Klosterkirche, sowie der anliegende Friedhof, der von einer Künstlergruppe aus Düsseldorf gestaltet wurde, die sich dem Expressionismus verwandt fühlte. Bei der Kulturwiese stehen eine Reihe von Skulpturen, die schon bessere Tage erlebt haben.

Über den Kloster-/Kirchweg verlassen wir den beschaulichen Ort, biegen rechts ab und überqueren die Bundesstraße 70 linksversetzt. Kurvenreich durchqueren wir Felder und Wiesen. Bei der zweiten Kreisstraße (nach ca. fünf Kilometern) war bei der Recherche der Weg falsch ausgeschildert. Wir queren die Vorfahrtstraße geradeaus statt auf dieser rechts einzubiegen (wie der Wegweiser suggeriert). Schon ein paar hundert Meter weiter werden wir darin bestätigt, dass wir richtig gefahren sind und folgen

!

SCHON GEWUSST?

Die Sprachgrenze der Issel

Eigentlich ist ca. der 80 Kilometer lange Fluss eher unscheinbar. Lange Zeit hatte er als Grenzfluss eine geopolitische große Bedeutung. Historisch gesehen verläuft hier die Grenze zwischen Westfalen und dem Rheinland, die sich im achtzigjährigen Krieg herausgebildet hatte. Durch verschiedene Gebietsreformen sind heute die Bezirksgrenzen verschoben. Dennoch sind immer noch feine Unterschiede im Sprachgebrauch der Bevölkerung nördlich und südlich des Flusses nachweisbar.

rechts – nun immer in nördlicher Richtung – den Schildern nach Bocholt.

Schon bald befinden wir uns in dem 2000 Hektar großen Naturschutzgebiet „Dingdener Heide", dass sich durch Feucht- und Nassgrünland auszeichnet und daher zahlreiche Vögel anzieht. Es wird zunächst überraschen, dass zu beiden Seiten des Weges Landwirtschaft betrieben wird. Sie ist Teil eines einzigartigen Projektes, welches damit das Bild einer bäuerlichen Kulturlandschaft von mehreren Zeitepochen vermitteln soll. Wir erleben also eine Art Zeitreise.

Dingdener Heide

Der Pfad führt eine ganze Weile geradeaus. Auch an dem Punkt, wo die Fahrradschilder nach links weisen, können wir weiter geradeaus fahren, weil die Radroute hier nur einen kleinen Bogen beschreibt und wir nach der Überquerung eines Wirtschaftsweges wieder auf sie treffen. Am Ende des langgestreckten Weges geht es links ab und am Knotenpunkt 53 wieder rechts und kurz darauf halb links auf Bocholt zu. Wir nähern uns der Stadt in einem Zickzackkurs und umfahren eine Kleingärtneranlage. Überraschenderweise treffen wir auf ein Wasserkraftwerk, dass man sicherlich nicht in dieser flachen Landschaft vermuten würde. Direkt hinter dem Werk stoßen wir wieder auf den Aasee, den wir dieses Mal am südlichen Ufer (dort auch der Autoparkplatz) entlangfahren. Über die „Industriestraße" gelangen wir zum nahen Bahnhof und passieren dabei das Museum Textilwerk.

Bocholt besitzt eine lange Tradition in der Textilindustrie, deren Ursprung bereits mit Gründung der Baumwollgilde im Jahr 1569 liegt. Zeitweise gab es über 100 Textilfirmen in der Stadt mit über 10.000 Beschäftigten. Das LWL-Industriemuseum TextilWerk Bocholt mit seinen zwei Standorten widmet sich dieser Geschichte. Der Besucher kann eintauchen in eine voll funktionstüchtige Weberei aus dem 19. Jahrhundert. Arbeitshäuser mit alten Gärten und informativen Ausstellungen vervollständigen den Eindruck über das Leben und Arbeiten der Weber.

Uhlandstraße 50, 46397 Bocholt; Industriestr. 5, 46395 Bocholt, Tel. 02871 21611-0, www.textilwerk-bocholt.lwl.org/de

Alternativroute an der Aa zurück
(ca. 20 Kilometer weniger)

Es gibt auch die Möglichkeit das Schloss Raesfeld und Marienthal auszulassen und in Borken längs der Aa zurück nach Bocholt zu radeln. Dazu wenden wir uns am Knotenpunkt 56 nach links Richtung Knotenpunkt 75 (unweit von der Wasserburg Gemen). Von dort nutzen aus die ausgeschilderte Themenroute „Aaroute" Richtung Rhede und Bocholt. Kurz hinter dem Knotenpunkt 60 stoßen wir links auf Knotenpunkt 59 (bei „Haus Pröbsting"), den wir von der Hinfahrt kennen. Hier fahren wir wieder durch die Freizeitanlage und am Knotenpunkt 57 zunächst in Richtung Raesfeld weiter über die Aaroute. Auf diese Weise radeln wir südlich (Knotenpunkte 55 und 54) an Rhede vorbei. Am Knotenpunkt 52 stoßen wir wieder unseren alten Weg und erleben nochmal den schönen Verbindungsweg zwischen Rhede mit Bocholt aus der Gegenrichtung. Den Aasee können wir abschließend auch auf seiner südlichen Uferseite befahren.

Tour-Infos

Rathaus Nordseite
Markt 1
46399 Bocholt

Ladestation Bootsverleih und Kiosk Lohkamp
Pröbstinger Allee 11
46325 Borken

Schloss Raesfeld
Freiheit 27
46348 Raesfeld

Tourist-Info Bocholt
Nordstraße 14
46399 Bocholt
Tel. 02871 5044
www.bocholt.de

Tourist-Information
Markt 15
46325 Borken
Tel. 02861 939-252
www.borken.de

Tourist-Info im Naturparkhaus
Hagenwiese 40
46348 Raesfeld
Tel. 02865 6091-0
www.raesfeld.de

WEITERE AUSFLUGSZIELE:

Freizeitanlage Bocholter Aasee
Großes Naherholungsgebiet mit zahlreichen Freizeitmöglichkeiten
Östlicher Stadtrand von Bocholt

Gaststätten mit Biergarten

Rhede
Rund um der
St. Gudula Kirche

Bootshaus
(mit Picknickplatz)
Pröbstinger Allee 11
46325 Borken
www.bootshaus-proebstingsee.de

Vennekenhof
Vennekenweg 29
46348 Raesfeld
Tel. 02865 447
www.vennekenhof.de

Raesfeld
mehrere Gaststätten
rund um das Schloss

Clemens Hartmann
Pastor-Winkelmann-Str. 2
46499 Hamminkeln-Marienthal
Tel. 02856 90990
www.marienthaler-gasthof.de

Bocholter Strandcafé
Hohenhorster Straße 30
46397 Bocholt
Tel. 02871 2939290
www.bocholter-strandcafe.de

TOUR 3

Moore und Grenze: Die Flamingoroute

Auf dieser Route erkunden wir die Vreden-Gronauer Niederung, die sich längs der Niederlande entlangzieht. Mehrmals werden wir auch kurz durch das Nachbarland radeln. Diese durchweg flache Region ist eher sandig, was zu einer kargen Besiedlung führte. Streckenweise wirkt unsere Tour wirklich menschenleer und einsam. Auffällig ist die große Zahl der Naturschutzgebiete, die wir hier berühren. Darunter befindet sich auch das Zwillbrocker Venn, das wegen seiner Flamingos und zahlreichen Möwen eines der bekanntesten in Westfalen ist.

6:00 Std.

86 km

Längste Route, aber es gibt kürzere Alternativrouten, ohne Steigungen

Zwillbrocker Venn mit Flamingos

Die Tourdaten auf einen Blick

Nähe vom Bahnhof Gronau Udo-Lindenberg-Platz 2 48599 Gronau

Bahnhof Gronau (RB 51 Dortmund – Enschede, RB 64 Münster – Enschede) unterwegs: Bahnhof Epe (RB 51)

Die Tour ist so konzipiert, dass es auch zwei kürzere Varianten gibt (gestrichelte Markierungen in der Karte).

STRECKENPROFIL

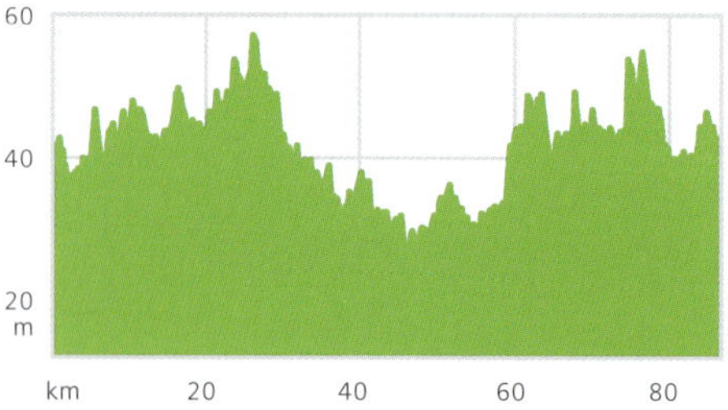

MAX. HÖHE

52 M

FAMILIEN

Es ist eine relativ lange Tour, aber Naturfans kommen hier voll auf ihre Kosten. Die Tour kann man auch abkürzen und Gronau hat gleich drei interessante Parks.
Spaßfaktor:

★★★★☆

GASTRO

Auf dieser Strecke sind Ortschaften rar, aber dafür gibt es ein sehr beliebtes Ausflugslokal.
Gastro-Dichte:

★★★☆☆

UNTER STROM

Die längste Streckendistanz, aber keine Steigungen. Es gibt unterwegs zwei Lademöglichkeiten.
Schubkraft:

★★★★☆

Industriegebäude van Delden

Sobald wir den Bahnsteig verlassen haben, stehen wir auf dem großen Bahnhofsvorplatz von Gronau, wo wir bereits zwei der nicht nur lokalen Sehenswürdigkeiten sehen. Links ist ein Beispiel eines Industriedenkmals zu sehen. Am Eingang findet sich noch der alte Firmenname der großen Textilfirma „van Delden", die Mitte der 1970er Jahre noch zu den größten Textilunternehmen Europas zählte, 1982 aber ihren Betrieb einstellen musste. Direkt dahinter beherbergt ein weiteres Industriegebäude das einzigartige rock'n'popmuseum. Wir radeln geradeaus in die

Die Stadt Gronau hat eine längere Musiktradition und ist überregional bekannt durch ein jährliches Jazzfestival. 2004 wurde das bundesweit einzigartige rock'n'popmuseum in einem ehemaligen Industriegebäude der van Delden Gruppe (Textil) eröffnet. Die Idee dazu hatte der Rockmusiker Udo Lindenberg, der in Gronau aufgewachsen ist. Neben einer Dauerausstellung über die Musikgeschichte gibt es das ganze Jahr über Musikveranstaltungen.
rock'n'popmuseum: Udo-Lindenberg-Platz 1, 48599 Gronau,
Tel. 02562 8148-0, www.rock-popmuseum.de

Bahnhofstraße zum Backsteinturm des ehemaligen Rathauses. Uns erwarten einige gemütliche Straßencafés. Wir nutzen dort rechts die „Enscheder Straße", die wie der Name schon andeutet nach Enschede führt. Am westlichen Ortsrand (die niederländische Grenze ist schon in Sichtweite.) biegen wir an einem sehr schönen Park (privat) links ab (Knotenpunkt 86).

Rechts sehen wir bald das „Hotel Gronau". Hier verlassen wir die „Baumwollstraße" rechts und fahren an der linken Seite des Hotels vorbei (keine Beschilderung). Nach einhundert Metern überqueren wir einen Bach und finden uns überraschend in den Niederlanden wieder. Wir vertrauen uns nun der vorbildlichen niederländischen Beschilderung (grünes Fahrradsymbol mit der Nummer des nächsten Knotenpunkts) an, die uns durch den Vorort von Enschede führt (Knotenpunkte 9 und 10). Hinter dem Ort überqueren wir eine Umgehungsstraße und berühren ein Naturschutzgebiet. Hier macht die Route eine scharfe Kurve (Richtung Knotenpunkt 44). Hier könnten wir auch den „Aamsveenweg" weiterfahren und träfen in diesem Fall die Radroute beim Grenzübergang wieder. Dort weist uns der Knotenpunkt 93 den weiteren Weg. Die Route verläuft nun nahe der Grenze (Knotenpunkte 45, 80, 81 und 78). Ein Tor sichert die malerische Landschaft des Naturschutzgebiets „Witte Veen", wo auch freilaufende Wisente unterwegs sind. Am Ende des Naturwegs erreichen wir links den Knotenpunkt 78, wo wir uns rechtsabbiegend der Haarmühle (Richtung Knotenpunkt 96) nähern. Die Haarmühle ist ein sehr beliebtes Ausflugsziel, worauf schon der große Biergarten hindeutet. Das eigentliche Mühlengebäude stammt aus dem Jahr 1619 und kann kostenfrei besichtigt werden. Wir radeln an der Lokalität vorbei und halten uns am Knotenpunkt 96 links ins nahe Altstätte.

Asphaltiert/
nicht asphaltiert:
70:30

Verkehrsarme
Straßen/autofreier
Streckenanteil:
55:45

Entdecken/Abschalten,
Entspannen:
15:85

Begegnung im Naturschutzgebiet „Witte Veen"

An diesem Knotenpunkt 96 kann man auch die längere Variante über Vreden und Zwillbrock wählen (siehe unten).

In Altstätte passieren wir den Knotenpunkt 68 und kommen an einem Kreisverkehr aus, wo wir uns links halten. Diese Nebenstrecke führt aus Altstätte hinaus zu der Bundesstraße 70, die wir für ein kurzes Stück nutzen. Nach 300 Metern weist ein Radwanderschild nach Ahaus und Knotenpunkt 60. An dieser Stelle jedoch fahren wir nicht diesen ausgeschilderten Radweg, sondern den Wirtschaftsweg „Eper Damm", der scharf rechts abknickt. Diese Straße verjüngt sich später zu einem unasphaltierten Feldweg. Doch schon nach zwei Kilometern haben wir wieder unsere gewohnten Radschilder und über den Knotenpunkt 35 nähern wir uns langsam der Stadt Epe. Es geht über die Bahngleise, wo wir scharf links und am Ortsrand rechts zum Knotenpunkt 47 (dort weiter geradeaus) abbiegen. Am anschließenden Knotenpunkt 34 erreichen wir die Dinkel, die uns zugleich einen schönen autofreien Streckenabschnitt längs des Flüsschens beschert.

Epe grüßt uns mit seinem Wahrzeichen, der St.-Agatha-Kirche und seinem 65 Meter hohen Turm. An der Kirche steht eine ungewöhnliche Martersäule. Der krönende Hahn mahnt an die Verleugnung Jesu durch Petrus. Unser Radweg längs der Dinkel führt uns quer durch Epe und weiter nördlich unter der Autobahn A30. Auch in Gronau bleibt unser Weg bis kurz vor dem Stadtzentrum autofrei. Auf unserer rechten Seite liegt der idyllische Stadtpark, zugleich grüne Lunge der Stadt, mit seinem beliebten Tierpark (freier Eintritt). Im Stadtgebiet kommen wir wieder an der „Enscheder Straße" aus, die wir rechtsversetzt überqueren. Spätestens hier mit dem Blick auf den alten Rathausturm erinnern wir uns an die ersten Eindrücke zu Beginn der Tour. Nun geht es noch über die Bahnhofstraße hoch zum nahen Bahnhof Gronau.

Martersäule in Epe

Zusätzliche Variante über Vreden

Von der Haarmühle aus geht es zur nahen Hauptstraße (Knotenpunkt 96), die wir rechts versetzt überqueren. Wir verlassen dabei kurz das Radwegenetz. Der Wirtschaftsweg führt an einem Waldstück vorbei und an der ersten Kreuzung nach gut einem Kilometer halten wir uns rechts, wo uns schon bald das Radwegenetz wieder aufnimmt. Unmittelbar am Weg liegt das Naturschutzgebiet „Lüntener Fischteich". Um den Heideweiher zu sehen, müssen wir allerdings ein Stück in den Wald hineinfahren. Wir umfahren das Naturschutzgebiet und gelangen anschließend rechts erneut zur niederländischen Grenze. Hier geht es links ab (Knotenpunkte 99 und 79). Auch hier berühren wir in diesem einsamen Grenzstreifen weitere reizvolle Naturschutzgebiete. Am Knotenpunkt 79 verlassen wir links

Die sehenswerten Gebäude von Vreden befinden sich alle um die dominierende St. Georg Kirche herum. Vreden ist seit 2500 Jahren besiedelt. Überregionale Bedeutung erhielt es durch Gründung eines Hochadeligen Damenstifts im 10. Jahrhundert, wovon noch die Hallenkrypta der Stiftskirche St. Felicitas zeugt. Eine Besonderheit ist das 400 Jahre alte großformatige Hungertuch. Die neuerrichtete große Kirche St. Georg besticht durch einen großformatigen, kostbaren Antwerpener Hochaltar. Unmittelbar hinter der Stiftskirche fließt die Berkel an dem Bauernhaus-Museum (bestehend aus zwölf historischen Gebäuden) vorbei. In der Nachbarschaft liegt das zentrale Museum des Kreises Borken (Geschichte des Grenzlandes, Sonderausstellungen).
kult Westmünsterland: Kirchplatz 14, 48691 Vreden, Tel. 02861 681-1415, www.kult-westmuensterland.de
Bauernhaus-Museum: Tel. 02564 950 89 27, www.buergerstiftung-vreden.de

nun die Niederlande Richtung Zwillbrock und erreichen über den Knotenpunkt 2 schließlich den kleinen Grenzort Oldenkott. Einige Backsteinhäuser wirken durch ihre Größe recht überdimensioniert, da der Ort eigentlich nur aus ein paar Häusern und Gaststätten mit Außengastronomie besteht. Sie stammen aus den zwanziger Jahren und waren für die Zöllner errichtet. Die Dorfkirche ist eine sogenannte Grenzkirche, die ursprünglich (um ca. 1650) für niederländische Katholiken errichtet wurde, die seinerzeit in den calvinistischen Niederlanden keinen Gottesdienst feiern durften. Kurz nachdem wir Oldenkott verlassen haben, finden sich auf der rechten Straßenseite mehrere sehr alte Grenzsteine. Direkt nach der Überquerung erreichen wir Knotenpunkt 1, wo wir weiter Richtung Ellewick-Crosewick radeln (Knotenpunkt 12).

An dem Knotenpunkt 1 kann man die zusätzliche Variante über Zwillbrock fahren (siehe unten).

Am östlichen Ortsrand von Ellewick-Crosewick nimmt uns eine Fahrradstraße auf, die uns bis nach Vreden führt. In Sichtweite von Vreden verlassen wir nochmals das Radwegenetz, das an der Hauptstraße rechts in die Stadt hineinführt. Wir hingegen überqueren die Hauptstraße und nähern uns über eine kleine Straße Vreden. Wir kreuzen eine weitere Hauptstraße und nach knapp 400 Metern sehen wir links einen Parkplatz. Hier biegen wir links in die Zuwegung und finden an dem Ölbach einen separaten, nicht asphaltierten Weg. Dieser begleitet den Bach und auf diese Weise durchqueren wir autofrei Vreden. Wer das Zentrum ansehen will, fährt am besten über die „Karl-Arnold-Straße" hinein. Orientieren sie sich dabei an der Kirchturmspitze der St. Georg Kirche.

!

SCHON GEWUSST?

Deutsch-niederländische Grenze

Der Begriff Zollgrenzbezirk, mit dem früher ein grenznaher Raum bezeichnet wurde, dürfte mittlerweile schon für zwei Generationen ein Fremdwort sein. Auf dieser Tour sehen wir noch Zeitzeugen aus der Zeit, in der die Grenze auch eine wirkliche Trennung bedeutete. In Oldenkott und Zwillbrock sind zwei Missionsstationen erhalten, die unmittelbar an der Grenze im 17. Jahrhundert für verfolgte niederländische Katholiken errichtet wurden. Insbesondere in Oldenkott steht noch eine Reihe von 250 Jahre alten Grenzsteinen. Es fällt auch auf, dass es nahe der Grenze viele Naturschutzgebiete gibt. Womöglich auch ein Effekt ehemaligen Grenzziehungen (s.a. Tour 1, www.dinxperwick.info/de).

Nach zwei Kilometern unterqueren wir eine Hauptstraße und direkt an der nächsten Brücke halten wir uns links. Wir finden die roten Fahrradschilder wieder, die uns im Zickzackkurs durch die Landschaft auf einen Wald zuführen. Am Ende des Forstweges halten wir uns entgegen der Fahrrad-Beschilderung rechts. Linksseitig erstreckt sich das Naturschutzgebiet „Schattet Gatt". Bei einer großen Infotafel haben wir die Gelegenheit über einen Holzsteg den nahen Flachwassersee mit seinen vielen Seerosen zu betrachten.

Bohlenweg im Naturschutzgebiet „Schattet Gatt"

Es geht immer weiter geradeaus an einem Feld entlang. An der Hauptstraße müssen wir etwas aufpassen. Zunächst biegen wir nach rechts und verlassen die Straße bei nächster Gelegenheit links, um direkt darauf wieder rechts abzufahren. Diese Straße endet auf einer Kreisstraße, die auch später das Radwegenetz nutzt, um nach Alstätte zu gelangen. Unterwegs sehen wir immer wieder direkt an der Straße Wacholderbüsche.

Den Ortskern von Alstätte lassen wir links liegen. Hier treffen wir auf die eigentliche Tourenvariante, die von Haarmühle auskommend, über den Knotenpunkt 68 zu der Kreisstraße stößt.

Tourenvariante nach Zwillbrock

Von Oldenkott aus geht es über die Berkel und am Knotenpunkt 1 radeln wir (statt über Ellewick nach Vreden) die Fahrradroute rechts weiter und direkt die nächste Möglichkeit links. Erneut berühren wir wieder die deutsch-niederländische Grenze, weichen links aus und kommen an dem

Wer es nicht glaubt, sollte unbedingt dieses Naturschutzgebiet aufsuchen. Es gibt tatsächlich frei lebende Flamingos in Deutschland. Seit den achtziger Jahren lebt in dem Venn eine Brutkolonie, die mittlerweile auf ca. 60 Exemplare angewachsen ist. Mutmaßlich handelt sich bei den Flamingos um „Flüchtlinge", die ursprünglich in Tierhaltungen zuhause waren. Hauptattraktion dieses 176 ha großen Gebietes sind die Lachmöwen, die hier zu Tausenden brüten und im Frühjahr zur Brutzeit ein Riesenspektakel veranstalten. Zu der kleinen Gemeinde Zwillbrock gehört auch die barocke St. Franziskus-Kirche mit einer wertvollen Innenausstattung. Sie wurde 1720 als Missionsstation zur Betreuung der Katholiken in den Niederlanden errichtet.
Biologische Station Zwillbrock: Zwillbrock 10, 48691 Vreden,
Tel. 02564-98600, www.bszwillbrock.de

St. Franziskus-Kirche in Zwillbrock

niederländische Knotenpunkt 20 vorbei. Nun verlassen wir die Grenze Richtung Süden und der Knotenpunkt 14 weist uns den Weg zum nahen Zwillbrock mit seinem überregional bekannten Vogelschutzgebiet (Knotenpunkt 13). Die Route führt nahe am Naturschutzgebiet vorbei (Knotenpunkt 56). Es gibt auch die Möglichkeit, das gesamte Venngebiet einmal zu umradeln (niederländische Knotenpunkte 54, 99 und 48, ca. sechs Kilometer).

Unsere Radroute erreicht die Hauptstraße, die wir bald links verlassen und an der nahen Kreuzung rechts einbiegen. Anstatt auf den Knotenpunkt 14 zuzusteuern radeln wir anschließend weiter geradeaus und erreichen so Ellewick-Crosewick.

Tour-Infos

Landgasthof Haarmühle
Besslinghook 57
48683 Ahaus

Hotel-Restaurant Kloppendiek
Zwillbrock 8
48691 Vreden

Altes Gasthaus Meyer
Merschstraße 24
48599 Gronau

Vreden Stadtmarketing
Kirchplatz 14
48691 Vreden
Tel. 02564 9899199
www.stadtmarketing-vreden.de

Touristinfo Grona
Konrad-Adenauer-Str. 45
48599 Gronau
Tel. 02562 99006
www.gronau-inside.de

WEITERE AUSFLUGSZIELE:

Dreiländersee (nördlich von Gronau)
Freizeitanlage am Dreiländereck Niederlande, Niedersachsen und NRW
www.drilandsee-gronau.de

Tierpark Gronau
Konrad-Adenauer-Str. 1
48599 Gronau
www.gronau-inside.de

Inselpark (Landesgartenschau 2003)
beim Popmuseum Gronau mit Picknick-möglichkeit auf der Aussichtspyramide
www.gronau-inside.de

Gaststätten mit Biergarten

Landgasthof Haarmühle
Besslinghook 57
48683 Ahaus
Tel. 02567 93190
www.haarmuehle.de

Oldenkott
mehrere Ausflugsgaststätten (auch auf der niederländischen Seite)

Restaurant Kloppendiek
Zwillbrock 8
48691 Vreden-Zwillbrock
Tel. 02564 9120
www.kloppendiek.de

Gronau
Gastronomie Ende Bahnhofstraße

TOUR 4

Reich an Historie:

Durch das schöne Steinfurter Land

Alles scheint auf diesem Radausflug historisch zu sein: Burgmannshöfe, ein Konzertsaal, Kloster, Kirchen, ein Baum, Wassermühle, ein Lehrgarten, ein ganzer Stadtkern und in einem tiefen Wald ist eine Begegnung mit Dinosauriern nicht ausgeschlossen. Im Südwesten berühren wir den Schöppinger Höhenrücken, der uns einen Ausblick über eine der schönsten Regionen im Münsterland gewährt. Auf diesen fünfzig Kilometern ist das Verhältnis von Stadt, Land und Fluss sehr ausgeglichen.

3:30 Std.

52 km

Eine Steigung, etwa die Hälfte der Route ist komplett autofrei

Torhaus von Schloss Steinfurt in Burgsteinfurt

Die Tourdaten auf einen Blick

Bahnhofsplatz 48565 Steinfurt (Burgsteinfurt)

Bahnhof Burgsteinfurt (RB 64 Münster – Enschede), unterwegs: Metelen Land (RB 64)

In Kombination mit der Route 5 ist auch eine Zwei-Tage-Tour möglich.

STRECKENPROFIL

MAX. HÖHE

133 M

FAMILIEN

Etwa die Hälfte der Strecke ist familienfreundlich autofrei und es gibt spannende Ausflugsziele.

Spaßfaktor:

★★★★★

GASTRO

Die Route berührt fünf Ortschaften. Reichlich Gastronomieangebote

Gastro-Dichte:

★★★★★

UNTER STROM

Überschaubare Streckendistanz mit mehreren Ladestationen unterwegs

Schubkraft:

★★★★★

Eggeroder Wallfahrtskapelle

In Burgsteinfurt finden wir unseren Weg auf der anderen Seite des Bahnhofs – also nicht zur Stadtseite. Es gibt allerdings eine Unterführung, die auch für Fahrradfahrer nutzbar ist. Auf der westlichen Seite des Bahnhofs halten wir uns rechts und nach einer Kurve weist uns ein Schild auf unser erstes Etappenziel – Metelen – hin. Wir gelangen auf die ausgebaute Bahntrasse, wo bis 1975 Personenzüge der Nordbahn Burgsteinfurt mit Borken (über Metelen, Heek und Ahaus) verband. Hier brauchen wir erstmal nicht auf Verkehrshinweisschilder zu achten, denn es geht zunächst schnurstracks geradeaus.

Der Dino Zoo Metelen entstand vor ein paar Jahren auf dem Gebiet eines ehemaligen Vogelparks und besteht aus einer Kombination aus Dinosauriern Skulpturen (200 Exemplare) und lebenden Tieren mitten in den Wäldern. Dazu gibt es Spielplätze, Restaurant, Fotostationen (z. B. im Maul eines Raubsauriers) und einiges mehr. Ganz in der Nähe ist auch das Bahnhofsmuseum Metelen (www.bahnhofsmuseum.de). Dino Zoo Metelen: Samberg 60, 48629 Metelen, Tel. 02556 9962299, www.dinozoo-metelen.com

Auf halber Strecke durchqueren wir die Metelener Heide. In dem Waldgebiet liegt der Dino Zoo Metelen, in dem sich etwa 200 maßstabgetreue Dinosaurierfiguren tummeln. Über den Forstweg auf der anderen Seite kommt man zum nahen Eisenbahnmuseum. Die Bahntrasse führt uns quer durch Metelen und in einer endlos wirkenden Gerade geht es auf das sechs Kilometer entfernte Heek zu. Uns begleitet dabei ein Planetenweg. Linker Hand liegt ein relativ großes Gewässer, das durch Kiesarbeiten entstanden ist. In Heek orientieren wir uns in folgender Reihenfolge an den Knotenpunkten 45 und 63 (zunächst Richtung Ahaus, Heek Mitte). Heek selbst ist durch den Durchgangsverkehr der Bundesstraße 70 sehr belastet, dessen Schwerlastverkehr direkt durch die Dorfmitte an der St. Ludgerus Kirche vorbeirauscht. Wir verlassen Heek (Knotenpunkt 95 Richtung Legden und Knotenpunkt 92) und wenden uns gegen Süden. Unterwegs passieren wir die Düstermühle – eine alte Wassermühle an der Dinkel gelegen. Die gleichnamige Gaststätte unterhält einen großen Biergarten.

Vom Knotenpunkt 92 (Richtung Legden) geht es in einer Geraden auf eine Kreuzigungsgruppe zu. In beiden möglichen Richtungen scheint es nach Legden zu gehen, wobei wir rechts auf der Hauptstraße einbiegen. Nun müssen wir ein wenig aufpassen. Wir überqueren vor einem Waldstück einen Bach und biegen nach ca. 300 Metern links in einen Wirtschaftsweg (Ende 2022 war es nicht ausgeschildert!). Diese Straße führt in einem Bogen zum südlichen Ortsrand von Asbeck. Wir

Düstermühle

steuern dort links in das sehenswerte Dorfzentrum (Knotenpunkt 89), wo wir weiter Richtung Knotenpunkt 90 wenden.

Asbeck ist ein kleines Dorf von ca. 1300 Einwohner, dessen Gründung auf ein Damenstift zurückgeht. Asbeck besitzt noch ein malerisches Ortszentrum mit einer ansehnlichen Zahl historischen Gebäuden, dem romanischen Dormitorium mit Stiftsmuseum und der Stiftskirche, sowie einer mächtigen 500 Jahre alten Sommerlinde.
www.heimatverein-asbeck.de

Zunächst halten wir uns nur für ein kurzes Stück Richtung Osterwick. Die weitere Wegführung verlangt unsere Aufmerksamkeit. Dort, wo die Straße sich teilt, verlassen wir das Radwegenetz und fahren zum „Wallfahrtsort Eggerode". Eine Baumallee führt später durch ein kleines Waldstück und auf der linken Seite gibt es zunächst einen Privatweg und dann einen schmalen Pfad. Das ist unser direkter Weg nach Eggerode. Wir kommen an einer Vorfahrtstraße aus, wo wir links einbiegen (wieder ausgeschildert, auch „Kunstmeile" genannt). Wir erreichen dort direkt wieder eine Vorfahrtstraße, auf der wir entgegen der Radwegezeichen geradeaus weiterfahren. So erreichen wir kurz darauf Eggerode und den zentralen Kirchplatz mit der Wallfahrtskapelle.

Der kleine Ort Eggerode ist bekannt als Wallfahrtsort. Die kleine Gnadenkapelle neben der Pfarrkirche St. Mariä Geburt bewahrt eine mittelalterliche Marienfigur aus Holz, die jährlich von etwa 60.000 Wallfahrern aufgesucht wird. Die Madonnenskulptur im byzantinischen Stil wurde vermutlich aus einem der Kreuzzüge von einem Mitglied einer Adelsfamilie mitgebracht.
www.eggerode.de

Asphaltiert/
nicht asphaltiert:
90:10

Verkehrsarme Straßen/autofreier Streckenanteil:
45:55

Entdecken/Abschalten, Entspannen:
25:75

Nun orientieren wir uns beim Knotenpunkt 12 an den Schildern Richtung Horstmar. Der Radweg steigt erst an und führt dann direkt runter nach Horstmar. Dort durchqueren wir die Ortsmitte (an der Kirche vorbei) und halten uns dann rechts. Innerhalb des Ortes gibt es auch eine Radroute, welche die vier nahe aneinander liegenden historische Rittershöfe ansteuert. Über die „Bahnhofsstraße" geht es bergab und dann links auf die Bahntrasse „Westmünsterlandbahn", die schon aus der Distanz durch ihre typischen weißroten Stangen erkennbar ist (dort auch ein Picknickplatz)

Die Bahntrasse führt schnurstracks ins acht Kilometer entfernte Burgsteinfurt. Fast überraschend schnell sind wir in der Kreisstadt und auf unserer linken Seite tauchen der Bahnhof und die Autoparkplätze auf. Zu unserer Rechten liegt der historische Stadtkern und das sehenswerte Wasserschloss Steinfurt.

Das historische Städtchen Horstmar entstand in der Nähe einer Burg, die im Dreißigjährigen Krieg vollständig zerstört wurde. Erhalten geblieben sind allerdings vier (von einstmals acht) Burgmannshöfen im quadratisch angelegten Ortszentrum. Die Burgmannen waren Ritter von niederem Adel und hatten die Aufgabe die Stadt zu bewachen und sie mit Hilfe der Bürger zu verteidigen. Die Burgmannshöfe sind nur von außen zu besichtigen.

Luftbild von Burgsteinfurt

Burgsteinfurt: Mit seinen zahlreichen Sehenswürdigkeiten und der Altstadt stellt dieser Steinfurter Stadtteil zweifelsohne ein Juwel im Münsterland dar. Vom Durchgangsverkehr befreit kann man die historischen Straßenzüge in Ruhe betrachten. Herausstechende Baudenkmäler sind das alte Rathaus, die Hohe Schule (bereits Ende 16. Jahrhunderts gegründete Hochschule) und die Professorenhäuser. Am Rande der Altstadt von der Steinfurter Aa umbettet liegt das prächtige ringförmige Wasserschloss Steinfurt mit einer Wassermühle, Torhaus und Doppelkapelle. Es befindet sich im Besitz der Fürsten zu Bentheim und Steinfurt.

Ausflugsziele in Burgsteinfurt

Kreislehrgarten Steinfurt: Ein Muss für Gartenfans. In dem 30.000 qm großen und über hundert Jahre alten Schaugarten wachsen und gedeihen u. a. 100 Rosen- und 300 verschiedene Obstsorten (Obstverkauf August bis Dezember). Während der kurzweiligen Führungen können außerdem Bambussträucher, Gemüse und Kräuter in ihren jeweiligen Gärten beschaut und gärtnerisches Wissen praxisnah erworben werden. Der Garten ist von Sonnenauf- bis Sonnenuntergang bei freiem Eintritt geöffnet. Übrigens es gibt dort auch umgeben vom Gartenzauber idyllische Picknickplätze.
Wemhöferstiege 33, 48565 Steinfurt, Tel. 02551 694410,
www.kreislehrgarten-steinfurt.de

Steinfurter Bagno: Schon vor 200 Jahren zog es Touristen in diese 50 Hektar großen Park, der seinerzeit zu den bedeutendsten Parkanlagen in Westfalen gehörte. Auch heute zeigt sich das Bagno mit reizvollen und malerischen Perspektiven der alten Gartenarchitektur. Kernstück des Parks ist die historische Konzertgalerie, welche wahrscheinlich das älteste Gebäude seiner Art in Europa ist. Der Saal wartet über das Jahr mit erstklassigen Konzerten auf.
www.bagno-konzertgalerie.de

Professorenhäuser am Markt in Burgsteinfurt

Tour-Infos

Düstermühle
Wehr 252
48739 Legden

Dorfteich Asbeck
Schöppingerstr. 1
48739 Legden

Hotel Winter
Gildestraße 3
48624 Schöppingen-Eggerode

Radstation Burgsteinfurt
Bahnhofstr. 35B
48565 Steinfurt

Steinfurt Marketing und Touristik e.V.
Markt 2
48565 Steinfurt
Tel. 02551 1383
www.steinfurt-touristik.de
www.steinfurter-land.de

Gaststätten mit Biergarten

Düstermühle
Wehr 252
48739 Legden
Tel. 02566 96430
www.duestermuehle.de

Hotel Winter
Gildestraße 3
48624 Schöppingen-Eggerode
Tel. 02545 93090
www.winter-eggerode.de

TOUR 5

Autofrei und geradeaus:

Die Bahntrassenroute

Liebhaber von Bahntrassen kommen bei dieser Tour auf ihre vollen Kosten. Zweidrittel der gut 50 Kilometer verlaufen über ehemalige Bahnstrecken. Entsprechend ist die nachfolgende Tourenbeschreibung die Kürzeste in diesem Buch. Denn weitgehend fahren wir immer geradeaus durch die Landschaft zwischen der Steinfurter Aa und der Ems. Auf halber Strecke geht es durch Rheine mit schönen Rastplätzen an der Ems und im Gradierwerkpark. Start und Ziel ist auch dieses Mal das Juwel des Münsterlandes: Burgsteinfurt.

3:30 Std.

52 km

Keine Steigungen und auf zwei Drittel der Strecke begegnen uns keine Autos

Stift Langenhorst

Die Tourdaten auf einen Blick

**Bahnhofsplatz
48565 Steinfurt
(Burgsteinfurt)**

**Bahnhof Burgsteinfurt
(RB 64 Münster – Enschede),
unterwegs: Rheine
(RE 7 von Krefeld,
RE 15 Münster – Emden,
RE 60 von Braunschweig,
RB 61 Bielefeld – Hengelo,
RB 65 von Münster)**

In Kombination mit der Route 4 ist auch eine Zwei-Tage-Tour möglich.

STRECKENPROFIL

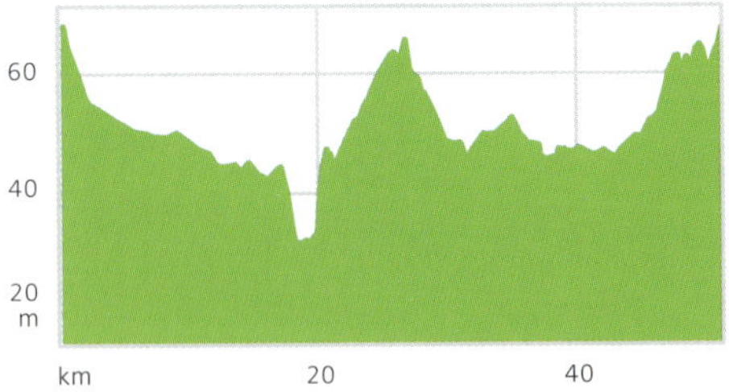

MAX. HÖHE
69 M

FAMILIEN

Die langen Strecken über die autofreien Bahntrassen sind von Natur aus familienfreundlich. Unterwegs gibt es eine Bademöglichkeit.
Spaßfaktor:
★★★★☆

GASTRO

In den Ortschaften gibt es jeweils Gastronomie mit Biergärten.
Gastro-Dichte:
★★★★★

UNTER STROM

Es gibt keine Steigungen. Die Distanz ist überschaubar und unterwegs kann man auftanken.
Schubkraft:
★★★★☆

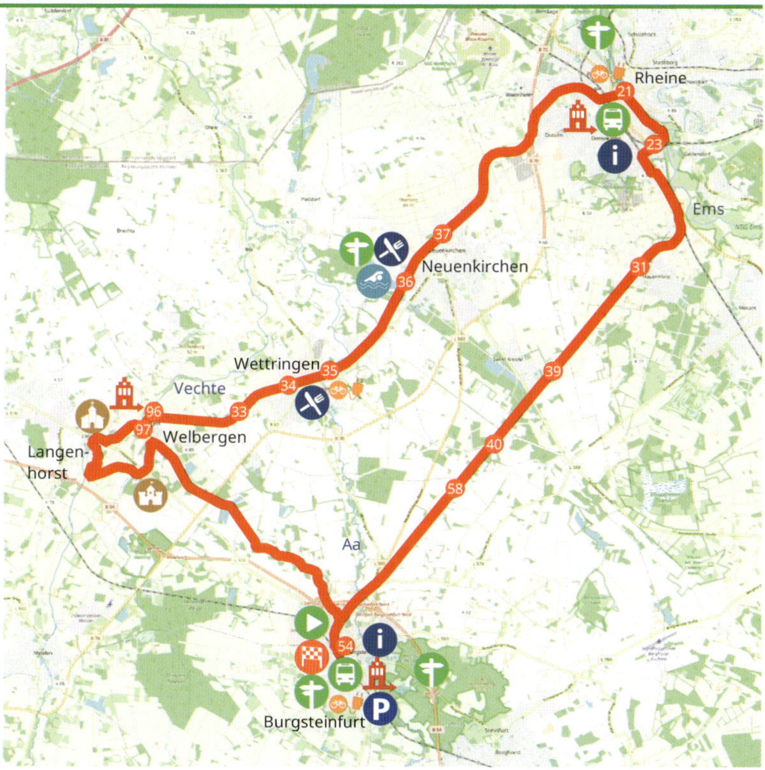

Saline Gottesgabe in Bentlage

Asphaltiert/
nicht asphaltiert:
95:5

Verkehrsarme
Straßen/autofreier
Streckenanteil:
30:70

Entdecken/Abschalten,
Entspannen:
30:70

Vom Bahnhof Burgsteinfurt aus geht es zunächst links Richtung Wettringen/Ochtrup (etwa einen Kilometer hinter dem Knotenpunkt 54). Unsere Route führt kurvenreich durch eine typische Parklandschaft mit Baumalleen, hohen Hecken und älteren großen Einzelhöfen. Nach neun Kilometern erreichen wir den kleinen Ort Welbergen. Wir könnten direkt rechts fahren, dann würden wir unmittelbar zur Bahntrasse (Knotenpunkt 96) nach Rheine gelangen. Es lohnt sich aber, hier eine kleine Runde (ca. sechs Kilometer) zu drehen. Dazu fahren wir am einladenden Landgasthaus Althoff (Knotenpunkt 97) Richtung Metelen/Schöppingen. In einer längeren Geraden nähern wir uns dem nächsten kleinen Ort Langenhorst. Der Ort besticht durch seine doppeltürmige Stiftskirche und seinen Stiftshof. Sie wird malerisch umflossen von der Vechte. Wir überqueren die Ortsdurchgangsstraße, fahren kurvenreich durch die Landschaft und wenden uns dann nach Osten und kommen an einer Hauptstraße aus. Gegenüber nutzen wir den Waldpfad (nicht ausgeschildert) und finden uns unmittelbar am Haus Welbergen wieder. Mit seinem gepflegten Garten und einer umfassenden Ummauerung wirkt das Adelshaus wie eine schöne stille Oase. Der Waldweg führt links an einem alten Fachwerkhaus vorbei, erneut über eine Hauptstraße und

Haus Welbergen

dann finden wir uns in Welbergen wieder. Hier lohnt sich noch ein Blick auf die alte Dorfkirche, deren wesentliche Bauteile noch aus der Romanik stammen.

Welbergen ist ein kleiner Ortsteil von Ochtrup, wo man sofort den Wunsch verspürt, hier eine Rast einzulegen. Direkt bei den einladenden Picknickplätzen im Ortszentrum verdient die alte Dorfkirche unsere Aufmerksamkeit. Bei einem Rundgang fällt einem das Fachwerk auf. An dem sehr gut erhaltenen romanischen Bauwerk wurde später ein Chor im gotischen Stil angebaut. Etwa einen Kilometer südlich der Kirche liegt die rund 800 Jahre alte Wasserburg Welbergen. Sie verfügt noch über eine Ringmauer, eine Wassermühle und eine Vorburg mit einem Torhaus sowie einem prächtigen Barockgarten.

Nun radeln wir über die Bahntrasse nach Rheine. Diese Trasse ist ein Teil des Triangelprojekts des Kreis Steinfurts, womit sechs Städte und Gemeinden mit sicheren Radwegen verbunden werden. Über 20 Kilometer geht es nun immer geradeaus (Knotenpunkte 33 bis 37), bis wir Rheine erreichen. Unterwegs passieren wir die beiden Ortschaften Wettringen und Neuenkirchen sowie den Ausflugsort „Offlumer See".

In Rheine lohnt es sich eine Pause einzulegen. Es gibt einiges zu sehen und an der Ems finden wir einladende Rastplätze. Wir fahren ins Zentrum („Neuenkirchener Straße") und überqueren die Bahngleise. Wir gelangen alsbald an die Ems, die wir ein Stück flussaufwärts begleiten. Direkt vor der Eisenbahnbrücke verlassen wir das Emsufer. Die Radschilder führen uns dann unter den Bahnkörper, eine Hauptstraße und nochmals unter eine andere Bahnstrecke. Direkt dahinter

Die Ems teilt Rheine in zwei unterschiedliche Hälften. Das Ostufer wurde geprägt von der Textilindustrie, dessen Firmeninhaber die mächtige, 1904 eingeweihte neoromanische St.-Antonius-Basilika stifteten. Der Kirchbau ist einem Kaiserdom nachempfunden und sein 102,5 m hoher Kirchturm ist zugleich der höchste im Münsterland und beherrscht das Stadtbild von Rheine. Die eigentliche Keimzelle, der frühere Adelssitz Falkenhof (bereits 838 urkundlich erwähnt), findet sich nahe dem westlichen Emsufer. Um die spätgotische Dionysiuskirche mit ihrem wuchtigen Kirchturm und den Marktplatz gruppiert sich eine Anzahl gut erhaltener Kaufmannshäuser.
Falkenhof Museum: Tiefe Straße 22, 48431 Rheine, Tel. 05971 920610, www.rheine.de (städtische Museen)

Etwa 3,5 Kilometer nördlich (über den Emsradweg) vom Stadtzentrum liegt das Naherholungsgebiet Bentlager Wald. Das Gebiet nahe der Ems besticht gleich durch mehrere Sehenswürdigkeiten: das Schloss Bentlage (ehemaliges Kloster), der Saline Gottesgabe, einer Tanzlinde und dem Naturzoo (bekannt durch seinen Affenwald), sowie einen erholsamen Picknickplatz neben einem uralten Gradierwerk.
NaturZoo Rheine: Salinenstraße 150, 48432 Rheine,
Tel. 05971 161480, www.naturzoo.de

beginnt eine weitere autofreie Bahntrasse, die sogar bis kurz vor Coesfeld ausgebaut ist. Wir nutzen allerdings nur etwa die Hälfte dieser tollen Fahrradstrecke (Knotenpunkte 31, 39, 40 und 58) und kommen so passgenau am Bahnhof von Burgsteinfurt aus (unterwegs ein Picknickplatz am alten Bahnhof St. Arnold).

SCHON GEWUSST?

Dort, wo sich die Bahn zurückzieht, bleiben Bahntrassen ohne Gleise übrig, die oft Jahrzehnte vor sich hinschlummern. Mittlerweile entstehen auf immer mehr alten Bahntrassen komfortable, völlig autofreie Fahrradwege. Für uns Radwanderer sind das ideale Verkehrsprojekte, denn wir radeln auf diesen Wegen bei höchstens 2% Steigung immer geradeaus und oft auch kreuzungsfrei. Auch der Kreis Steinfurt ist mit seinem „Triangelprojekt" aktiv geworden, das wir auf dieser Tour kennenlernen. www.bahntrassen-radeln.de

Die kleine Ortschaft Langenhorst gehört auch zu Ochtrup. Sie wird dominiert durch die prächtige doppeltürmige mittelalterliche Hallenkirche St. Johannes Baptist. Ursprünglich handelt es sich dabei um ein Kloster. Die gut erhaltene Gräfte sowie die Vechte begrenzen auch heute noch den ehemaligen Stiftsbezirk. In der Stiftskammer werden kostbare Reliquien und die kunstvollen, heiligen Gefäße der liturgischen Feste aus sieben Jahrhunderten aufbewahrt.

Stift Langenhorst
Führungen nach Vereinbarung,
Stift 1, 48607 Ochtrup,
Pfarrbüro: Tel. 02553 3250

Tour-Infos

Radstation Burgsteinfurt
Bahnhofstr. 35B
48565 Steinfurt

Radstation Rheine
Am Hauptbahnhof 6
48431 Rheine

Wettringe Sommergarten
Bahnhofstraße 25
48493 Wettringen

Rheine Tourismus
Bahnhofstr. 14
48431 Rheine
Tel. 05971 800650
www.rheine-tourismus.de

Steinfurt Marketing und Touristik
Markt 2
48565 Steinfurt
Tel. 02551 1383
www.steinfurt-touristik.de

Tourist Information Metelen
Sendplatz 18
48629 Metelen
Tel. 02556 890
www.metelen.de

WEITERE AUSFLUGSZIELE:

Offlumer See
Am Offlumer See 1a
48485 Neuenkirchen
Tel. 05973 3540
www.offlumer-see.de

Kreislehrgarten Steinfurt
Wemhöferstiege 33
48565 Steinfurt
Tel. 02551 694410
www.kreislehrgarten-steinfurt.de

Gaststätten mit Biergarten

humbil
Bahnhofstraße 25
48493 Wettringen
Tel. 0171 7843959
www.wegeners-sommergarten.de

Ewige Liebe
Am Offlumer See 1a
48485 Neuenkirchen
Tel. 05973 9097939
www.ewige-liebe.info

TOUR 6

Der Balkon vom Münsterland:

Durchs Tecklenburger Land

Geschichtlich gesehen gehört das Tecklenburger Land nicht zum Münsterland und war früher eine eigenständige Grafschaft. Mit der Gebietsreform in den 1970er Jahren wurde es dann jedoch Teil des Münsterlandkreises Steinfurt. Wir erleben also ein Münsterland mit niedersächsischen Einsprengseln. Am Rande des Mittelgebirgszuges Teutoburger Wald radelnd sind die Steigungen noch recht moderat. An einer Stelle geht es aber dann mal richtig bergauf. Denn die nördlichste Bergstadt Deutschlands und Tecklenburg als den Balkon des Münsterlands dürfen wir nicht verpassen.

3:00 Std. | **45 km** | **Die Strecke ist nicht lang. Bei Tecklenburg gibt es eine größere Steigung**

Historische Altstadt
Tecklenburg

Die Tourdaten auf einen Blick

**Bahnhof Ibbenbüren Laggenbeck
Permer Straße
49479 Ibbenbüren**

**Bahnhof Ibbenbüren-Laggenbeck (RE 60 Rheine – Braunschweig,
RB 61 Hengelo – Bielefeld)
alternativ Bahnhof Lengerich (RE 2 Düsseldorf – Osnabrück,
RB 66 Münster – Osnabrück)**

Für Radfahrer, die mit dem Zug aus dem Süden kommen, ist die Anreise über Bahnhof Lengerich günstiger.

STRECKENPROFIL

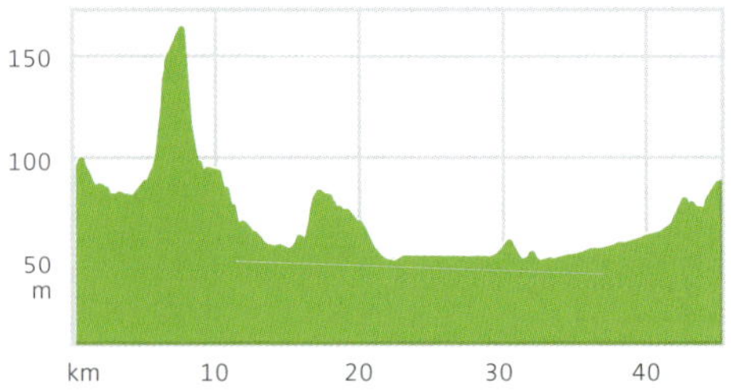

MAX. HÖHE
192 M

FAMILIEN
Abwechslungsreiche Strecke an Kanal, Bach und See, allerdings ist die Steigung bei Tecklenburg nicht ohne.
Spaßfaktor:

★★★★☆

GASTRO
Einkehrmöglichkeiten in den Ortschaften und dem Kloster
Gastro-Dichte:

★★★★★

UNTER STROM
Strecke mit einer nennenswerten Steigung, normale Akkuladung dürfte reichen, Ladestation am Weg
Schubkraft:

★★★★★

Ehemaliger Kalksteinbruch: der Lengericher Canyon

Der Bahnhof von Ibbenbüren-Laggenbeck liegt direkt an der Fahrradroute. Diejenigen, die mit dem Auto anreisen, nutzen den größeren Park&Ride-Platz. Zur Route geht es durch die Bahnunterführung (allerdings zwei Treppen) oder alternativ zur nächsten Straßenbrücke und dann auf der anderen Brückenseite direkt links. Im eigentlichen Ortszentrum (Kirche) von Laggenbeck angelangt wechseln wir die Seite der Bahngleise und fahren rechts weiter durch eine reizvoll anmutende hügelige Landschaft. Bald darauf treffen wir auf den eigentlichen Abzweig nach Tecklenburg.

Asphaltiert/ nicht asphaltiert:
75:25

Verkehrsarme Straßen/autofreier Streckenanteil:
35:65

Entdecken/Abschalten, Entspannen:
20:80

Der Blick auf die Anhöhe lässt eine bevorstehende Kraftanstrengung erahnen. Doch zunächst nähern wir uns auf gemächlichen Wegen dem Dorf Ledde, wo wir die dortige Hauptstraße linksversetzt überqueren. Am Ortsrand beginnt das Naturschutzgebiet Sunden. Die Straße ist als Fahrradstraße ausgewiesen, so dass wir kaum mit Verkehr rechnen müssen. Zunächst ist der Anstieg moderat, wird aber im Verlauf steiler. Es erfreut uns, dass wir nach einer überschaubaren Distanz den Waldrand erreicht haben. Rechts von uns liegt das Waldfreibad. Wir verlassen hier die Straße links. (Achtung: Das Fahrradschild war Ende 2022 durch Pflanzenbewuchs nicht sichtbar.)

Diese kleine Straße führt in einen Wald und verlangt wegen einer sehr starken, aber kurzen Steigung nochmals eine Kraftanstrengung. Ganz unvermittelt finden wir uns im Zentrum von Tecklenburg wieder. Dieses reizvolle Städtchen kommt uns ganz gelegen. Nach der Auffahrt haben wir uns ein Päuschen in diesem einladenden Ort mit reichlich vorhandener Außengastronomie wahrlich verdient. Eine gute Aussicht auf das Münsterland gibt es bei dem neueren Gebäude der Kreisverwaltung. Angeblich kann man hier ca. 60 Kilometer weit schauen.

Obwohl an einer wichtigen Handelsroute gelegen ist Tecklenburg eine Kleinstadt geblieben. Der Höhenrücken grenzt die Entwicklungsmöglichkeiten der Stadt ein. Tecklenburg ist übrigens die nördlichste Bergstadt in Deutschland. Über Jahrhunderte war der Ort Regierungssitz der Grafschaft Tecklenburg. Zentrum der Grafschaft war die mächtige Burg, die auch als Zollfestigung diente. Die Burgreste sind Spielstätte der bekannten Freilichtspiele Tecklenburg. Der Stadtkern bietet eine große Anzahl von Fachwerkhäusern mit entsprechender Außengastronomie und Aussichtspunkte auf die Umgebung.

An dem Verwaltungsgebäude treffen wir auf eine Hauptstraße, die wir direkt darauf rechts wieder verlassen („Bahnhofstraße"). Es geht nun ziemlich steil hinunter (12%). Unten angelangt führt die Route links ab in eine kleine Nebenstraße (Richtung Lengerich). Wir passieren das Haus Marck – eine Schlossanlage mit einem schönen Torbogen, wo die Vorverhandlungen zum Westfälischen Frieden stattfanden (Führungen Tel. 05482 925773, www.haus-marck.de).Uns nimmt ein Buchenwald auf und um den Reiz dieses Streckenabschnittes noch zu erhöhen, radeln wir

Haus Marck

an malerisch gelegenen Teiche vorbei. Hier nutzen wir den Abzweig links Richtung Ladbergen. Kurz darauf verlassen wir den Wald und überqueren erneut die Gleise.

An dieser Stelle ist der Abzweig zum Bahnhof nach Lengerich (siehe unten).

Wir verlassen den Wald, überqueren eine Schnellstraße und wenden uns nach rechts. Bei der kleinen Kirche in der Bauernschaft Wechte sollten wir unbedingt links auf einen kleinen Stichweg achten (ausgeschildert). Hier haben wir die besondere Gelegenheit, ein 35 Meter langes, uraltes Großsteingrab zu bestaunen. Solche Gräber sind sonst eher in Norddeutschland anzutreffen. In den späteren Jahrhunderten wussten die Einheimischen nichts mehr über die Bedeutung der Gräber. Im eher steinlosen Münsterland wirken diese großen Steinbrocken befremdlich und wurden von daher oft als Teufelssteine bezeichnet.

Großsteingrab Lengerich Wechte

Bis zu unserem nächsten Ziel Brochterbeck radeln wir kurvenreich durch eine reizvolle Bauernlandschaft mit schönen Fachwerkbauernhäusern. Der kleine Ort Brochterbeck besticht durch seinen hübschen Mühlenteich nebst Mühlenrad, Außengastronomie und Picknickplätzen. Ab hier orientieren wir uns an den Verkehrsschildern Richtung Riesenbeck. Die Route führt an der Kirche vorbei einen kleinen Hang hoch. Wir überqueren die Bahngleise und halten uns direkt danach links. Der autofreie Weg verläuft zunächst parallel der Gleise und endet später an der verkehrsreichen Bundesstraße 219, wo wir links einbiegen. Doch bereits am Ortseingang von Dörenthe können wir rechts die Hauptstraße wieder verlassen.

In Dörenthe gibt es einen botanischen Garten und den NaturaGart (reizvolle Teichanlagen mit einem einzigartigen Unterwasserpark). Um zu Letzterem zu gelangen, orientieren uns an dem Hinweisschild „Seerose". Über einen schmalen Pfad gelangen wir dann zum Haupteingang von NaturaGart.

Herrliches Radeln am Dortmund-Ems-Kanal

Unsere Route führt uns zum Dortmund-Ems-Kanal, den wir sieben Kilometer begleiten. Kurz hinter Riesenbeck scheint sich der Kanal zu einem See zu verbreitern. Hier beginnt der Mittellandkanal. Wir befinden uns also an einem

!

SCHON GEWUSST?

Ein Großsteingrab ist eine Grabanlage, die vorwiegend in Norddeutschland zu finden sind. Die Gräber entstanden in der Jungsteinzeit, also zu Zeiten des Pyramidenbaus in Ägypten. Die Steingräber stellen eine beachtenswerte Bauleistung da. Man schätzt, dass die erforderliche Arbeitsleistung, die von 100 Arbeitern über ca. vier Monate entspricht. Als Baumaterialen wurden meistens große Granitblöcke (teilweise tonnenschwer) verwendet, die durch die Eiszeit aus Skandinavien ins steinarme Norddeutschland gelangten.

SCHON GEWUSST?
Dortmund-Ems-Kanal ist eine Bundeswasserstraße, die den Dortmunder Stadthafen mit Papenburg verbindet. Somit erlangte Dortmund (und andere Städte) Zugang zu den Nordseehäfen. In zehn Kanalstufen werden auf der Gesamtstrecke von 223 Kilometer ca. 70 Höhenmeter überwunden. Der Kanal wurde nach nur siebenjährige Bauzeit 1899 eröffnet und diente als Versorgung der Schwerindustrie des Ruhrgebiets mit Eisenerz. Der Kanal wird begleitet von einer 340 Kilometer Radroute, die Dortmund bis nach Norddeich führt.

Wasserstraßendreieck mit dem bezeichnenden Namen „das Nasse Dreieck". Der Mittellandkanal führt in seiner weiteren Verlängerung vorbei an Magdeburg und dann ganz spektakulär über die Elbe ins 325 Kilometer entfernte Berlin. Zu Zeiten des Kalten Krieges hatte der Kanal eine große Bedeutung für die Versorgung des isolierten Westberlins mit seinen seinerzeit gut zwei Millionen Einwohnern.

Am Mittellandkanal fahren wir nur wenige hundert Meter zur Brücke hoch. Wir könnten hier einen kleinen Abstecher über die Schleuse ins nahe Beveren (drei Kilometer) unternehmen. Dieser Ort bestícht durch seinen historischen Ortskern. Wir haben auch die Möglichkeit am Kanal entlang weiter nach Rheine (13 Kilometer) zu fahren, wo wir Anschluss haben an die Tour 5.

An der Brücke stoßen wir auf eine Hauptstraße, die uns links unter der Autobahn A30 entlangführt. Unmittelbar hinter der Autobahnbrücke nimmt uns rechter Hand ein autofreier Weg auf. Über ihn gelangen wir direkt zum ehemaligen Kloster Gravenhorst. Die Route führt an dem historischen Gebäudekomplex vorbei und überquert anschließend eine Hauptstraße. Einige hundert Meter weiter treffen wir wieder auf eine autofreie Strecke, die entlang der Ibbenbürener Aa bis zum Ortsrand von Ibbenbüren führt. Die Stadt kündigt sich schon von weitem durch den 275 Meter hohen Schornstein des mittlerweile stillgelegten Kohlekraftwerks an. Bald weichen wir links in ein Wohngebiet aus. Der autofreie Weg wird beiderseits von Bäumen flankiert. So durchqueren wir auf angenehme Weise die Stadt Ibbenbüren. An einem Parkplatz führt eine Fahrradstraße ins nahe Zentrum, wo sich am Kirchplatz reizvolle Außengastronomie finden lässt.

Das Kloster Gravenhorst ist eine ehemalige Zisterzienserinnenabtei, die im Mittelalter gegründet wurde und über 500 Jahre Bestand hatte. Die Gebäude stammen weitgehend aus dem 18. Jahrhundert und stellen in der Gesamtheit noch eine vollständige Klosteranlange dar. 1990 übernahm der Kreis Steinfurt das Areal und eröffnete das Kunsthaus Kloster Gravenhorst (zeitgenössische Kunst). Am Kloster gibt es eine Picknick-Plattform mit Picknickdecken.

DA, Kunsthaus Kloster Gravenhorst:
Klosterstraße 10, 48477 Hörstel,
Tel. 02551 694200, www.da-kunsthaus.de

Am anderen Ortsende angelangt treffen wir auf den großen Aasee. Wir umrunden diesen auf seiner linken Seite, bevor wir ihn bei einem Spielplatz links verlassen. Nach der Brücke biegen wir direkt rechts zum Parkplatz (Achtung hier gab es keine entsprechenden Fahrradschilder). In einem schönen Fachwerkhaus hat das Heimathaus von Ibbenbüren sein Zuhause. Wir durchqueren ein Gewerbegebiet und wenden uns an der Hauptstraße nach rechts. Nach der Überquerung einer Hauptstraße nimmt uns auf der anderen Straßenseite eine Fahrradstraße auf, auf der wir autofrei bis nach Laggenbeck gelangen.

SCHON GEWUSST?

Bei Kohlebergbau denkt man in erster Linie an das Ruhrgebiet. Doch auch Ibbenbüren zählte als Kohlerevier, wo bereits im Spätmittelalter Bergbau betrieben wurde. Die Fördermenge (bis zwei Millionen Tonnen) ist im Vergleich zum Ruhrgebiet längst nicht so bedeutend, wo sie in Spitzenzeiten bei 130 Millionen Tonnen lag. 2018, zeitgleich mit der Schließung der letzten Zeche (Haniel Prosper) im Ruhrgebiet, wurde auch in Ibbenbüren der Betrieb eingestellt. Von weitem sichtbar zeugt noch das Kohlekraftwerk von der untergegangenen Industrie.

Anreise vom Bahnhof Lengerich
(günstiger für Reisende aus dem Süden zu erreichen – sieben Kilometer)

Ungewöhnlicherweise liegt der Bahnhof von Lengerich außerhalb der Stadtmitte. Vom Bahnhof aus gesehen fahren wir die kleine Straße rechts, die später in eine Hauptstraße mündet. Diese knickt nachher rechts ab, während wir weiter geradeaus in die „Bahnhofstraße" radeln (Achtung: Zum Zeitpunkt der Recherche war diese Stelle falsch ausgeschildert). Im weiteren Verlauf erlauben uns die Verkehrsschilder, mit dem Rad auch die Fußgängerzone zu nutzen (selbstverständlich ist für uns in diesem Bereich Schrittgeschwindigkeit angesagt). Im Stadtzentrum stehen noch vereinzelt hübsch anzusehende Fachwerkhäuser. Direkt neben der spätgotischen Stadtkirche lernen wir das Wahrzeichen von Lengerich kennen – das mittelalterliche Torhaus „der Römer". Kurz hinter dem Ende der Fußgängerzone wenden wir uns nach rechts am Friedhof vorbei bis zum Bahnübergang, wo wir links einbiegen. Da dieser Weg etwas oberhalb von Lengerich liegt, haben wir immer wieder einen wunderbaren Weitblick über das Münsterland. Von hier aus entsteht der Eindruck, die ganze Region bestände aus einem riesigen Wald.

Torhaus in Lengerich

Der Weg wendet sich einem Wald zu und endet in einer kleinen Lichtung an einer T-Kreuzung, wo links ein kleiner Wanderparkplatz liegt und kurz dahinter ein Bahnübergang. Genau hier erreichen wir die eigentliche Route (links Richtung Brochterbeck). Später – von Tecklenburg kommend – würde es an dieser Stelle links zurück zum Bahnhof von Lengerich gehen.

Tour-Infos

Kunsthaus Kloster Gravenhorst
Klosterstraße 10
48477 Hörstel

Rathaus Ibbenbüren
Alte Münsterstraße 16
49477 Ibbenbüren

Am Marktplatz
Markt 7
49545 Tecklenburg

Tourist Information
Oststraße 28
49477 Ibbenbüren
Tel. 05451 545450
www.stadtmarketing-ibbenbueren.de

Tecklenburger Land Tourismus
Markt 7
49545 Tecklenburg
Tel. 05482 929182
www.tecklenburger-land-tourismus.de

WEITERE AUSFLUGSZIELE:

NaturaGart
Riesenbecker Str. 63 – 65,
49479 Ibbenbüren
Tel. 05451 5934-0
www.naturagart.de

Botanischer Garten Ibbenbüren
Loismanns Garten
Loismannweg Nr. 10
49479 Ibbenbüren
Telefon: 0152 5637 39 82

Aasee *(mit Picknickmöglichkeit auf der Aasee-Liege)*
Wanderparkplatz
Ledder Straße
49477 Ibbenbüren

Hinweis
Bei der Recherche dieses Reiseführers war bei dieser Tour das Knotenpunktsystem noch nicht komplett installiert. Die Übersichtskarte nimmt die Nummernbezeichnung der Knotenpunkte vorweg. Es kann sein, dass Sie bei Ihrem Radausflug die Nummer des Knotenpunkts noch nicht vorfinden. Die Ausschilderung für Radfahrer ist jedoch vorhanden.

Gaststätten mit Biergarten

Tecklenburg
Im Historischen Ortskern

Ibbenbüren
Bei der Stadtkirche und am Aasee

Gasthof Prigge
Brochterbecker Str. 60
49525 Lengerich-Wechte
Tel. 05482 9606
www.gasthof-prigge.de

Kunsthaus Kloster Gravenhorst
(mit Picknickangebot)
Klosterstraße 10
48477 Hörstel
Tel. 05459 91460
www.da-kunsthaus.de

TOUR 7

Eine Tour durch Wälder und an Seen:

In der Mitte des Naturparks Hohe Mark

Mit Ausnahme des Stadtgebietes von Dülmen bewegen wir uns bei dieser Tour ausschließlich durch den Naturpark Hohe Mark. Die Landschaft zeichnet sich durch eine vielfältige Mischung aus Wiesen, Weiden, Äckern, Mooren und größeren Waldstücken aus. Hier ist auch die Heimat der letzten frei lebenden Wildpferde Mitteleuropas. Eingebettet in diese Naturregion liegt der bekannte Naherholungsort Haltern am See. Zu dem Ort gehört auch ein beliebtes Strandbad – also nicht vergessen die Badehose einzupacken.

3:10 Std. | **46 km** | **Kurze Streckendistanz mit einer Steigung**

Silbersee, Haltern am See

Die Tourdaten auf einen Blick

Ostseite vom Bahnhof Zum Ikenkamp 10, 45721 Haltern am See

Bahnhof Haltern (RE 2 Düsseldorf – Osnabrück, RE 42 Mönchengladbach – Münster, S 9 von Hagen) unterwegs: Sythen (RE 42); Dülmen (RE 2, RE 42, RB 51 Dortmund – Enschede)

Überschaubare Distanz mit einer unangenehmen Steigung

STRECKENPROFIL

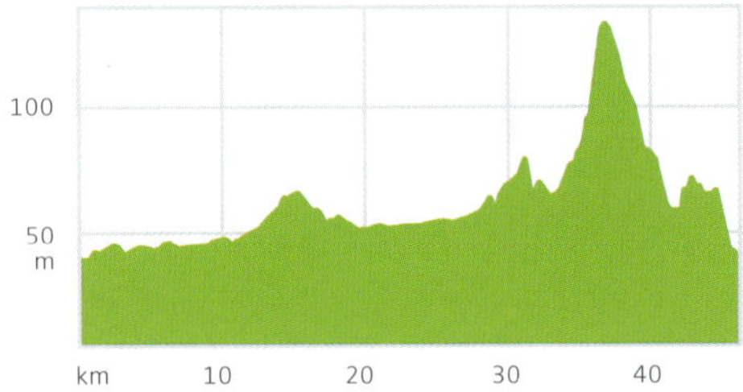

MAX. HÖHE
135 M

FAMILIEN

Viel Freizeitspaß in Haltern und das einmalige Erlebnis, Wildpferde zu sehen
Spaßfaktor:

★★★★☆

GASTRO

Unterwegs gibt es nur ein Lokal, dafür reichlich Gaststätten am Halterner See.
Gastro-Dichte:

★★★★☆

UNTER STROM

Nur einmal geht es in der Hohe Mark rauf und runter. Normale Akkuladung dürfte reichen, eine Ladestation unterwegs
Schubkraft:

★★★★☆

Attraktion: die Wildpferde in Dülmen

Im Bahnhof von Haltern wählen wir den Ausgang zur Stadtmitte und radeln nach rechts zur einer Gleisunterführung. Auf der anderen Seite, wo sich auch der große Park&Ride-Parkplatz befindet, treffen wir auf einen Radwegweiser und wählen den Weg zum Halterner Stausee. Die Route führt zunächst an den Bahngleisen entlang und dann über einen separaten Radweg direkt zum See, wo Picknickbänke zu einem Frühstück verleiten. Nun geht es durch einen Park bis zum anderen Ende des Sees. Am Bootshafen verlassen wir den See über eine schöne Baumallee Richtung Dülmen und nähern uns dabei dem Halterner Stadtteil Sythen. Die Radroute führt unmittelbar am Haus Sythen vorbei. Auf der anderen Straßenseite steht eine alte Wassermühle (mit einem Picknickplatz). Unmittelbar vor dem Bahnübergang geht es rechts ab durch eine schöne Bauernlandschaft. Am Ende dieser kleinen autofreien Straße stoßen wir auf eine Hauptstraße, die uns links unter den Bahndamm führt und die wir dann kurz darauf rechts verlassen. Auch hier befindet sich auf der linken Straßenseite eine weitere sehenswerte Wassermühle („Große Teichsmühle"), die unter Denkmalschutz steht.

Wassermühle Sythen

Haltern ist eine Stadt, die von Sand und Wasser lebt. Das Wasserwerk ist eines der größten in Europa und der Stausee versorgt eine Million Menschen mit Trinkwasser. Im Zentrum des Naturparks Hohe Mark gelegen, besitzt Haltern einen hohen Naherholungswert. In der gemütlichen Innenstadt ist das Rathaus aus dem 16. Jahrhundert sehenswert, sowie die neugotische St. Sixtus Kirche, zu deren Schätzen ein beachtenswerter Antwerpener Schnitzaltar und ein mittelalterliches Gabelkruzifix zählen. Im nördlichen Stadtteil Sythen ist das gleichnamige Schloss erwähnenswert, von dem noch die Kapelle und das Torhaus erhalten sowie die benachbarte Wassermühle sind. Der Schlosspark gehört auch zum Projekt „Picknickplätze im Münsterland".
www.schloss-sythen.nrw

Die Stadt Dülmen kündigt sich durch eine Schallschutzmauer an, die wie eine Festungsmauer wirkt. Die kleine Straße bringt uns nahe ans Stadtzentrum, das wir allerdings rechts liegen lassen. In Dülmen selbst sind nur wenige Baudenkmäler erhalten geblieben. Wahrzeichen der Stadt ist das Lüdinghauser Tor, das einzige übrig gebliebene Stadttor mit seinen charakteristischen Rundtürmen. In Dülmen ist auch die Grabstätte (Krypta der Heilig-Kreuz-Kirche) von Anna Katharina Emmerick, die als Mystikerin des Münsterlandes gilt (s.a. Tour 9).

Lüdinghauser Tor, Dülmen

Nun orientieren wir uns zunächst an den Verkehrsschildern Richtung Wildpark und im weiteren Verlauf Richtung Reken und Maria Veen. Hinter einer Hauptstraße nimmt uns links das 250 Hektar große Wildparkgelände auf. Statt auf Autos achten wir jetzt auf Wildwechsel, denn der Park ist reich an Damwild, so dass es uns sehr wahrscheinlich auf dem Radweg begegnen wird. Die Autogeräusche der nahen Autobahn A43 kündigen die Grenze des reizvollen Wildparks an. Wir unterqueren die A43 und in einem Zickzackkurs geht es durch die Bauernschaft.

Für einen Besuch der Wildpferde finden wir ein Hinweisschild kurz nach Überquerung eines Baches (Eingang zum Park ca. fünf Kilometer). Wir befinden uns im Merfelder Bruch, einer Landschaft, die fast unbesiedelt ist. Unsere Route berührt nach zwei Kilometern die südliche Spitze des Wildparks. Sie er-

Die Geschichte der Dülmener Wildpferde (eine Ponyrasse) geht auf das Jahr 1847 zurück, als Herzog Alfred von Croÿ die letzten zwanzig wild lebenden Pferde in der Region einfangen ließ und auf einem zunächst 33 Hektar großen Gelände für ihre Erhaltung sorgte. Die Dülmener Pferde leben heute weitgehend vom Menschen unbeeinflusst das ganze Jahr über in Freiheit. Mittlerweile ist die Herde auf etwa 400 Wildpferde angewachsen, die in einem Naturschutzgebiet von etwa 400 Hektar leben. Der Zugang zu dem Gehege ist am Wochenende möglich, sowie beim großen Wildpferdefang jeweils am letzten Samstag im Mai.
Tel. 02594 963-0, www.wildpferde.de

kennen den Park an der hohen Umzäunung. In der Kurve gibt es einen kleinen Feldweg längs des Zauns, wo wir vielleicht die Chance haben, auf der nahen Wiese die berühmten Wildpferde zu Gesicht zu bekommen. Wenn wir allerdings den Bach schon erreicht haben, dann sind wir an diesem Zuweg schon vorbei. Er liegt ungefähr 100 Meter hinter uns.

Auf der rechten Seite erstreckt sich nun ein Naturschutzgebiet, das hauptsächlich aus Feuchtwiesen besteht. Beim Knotenpunkt 64 orientieren wir uns nun Richtung Haltern, während die Route nach Reken und Maria Veen nach rechts führt. Der Weg führt stetig etwas bergan und erreicht nach dem Knotenpunkt 59 die ausgedehnten Wälder nördlich von Haltern. Stellenweise ist der Forstweg etwas sandig. Mitten im Wald mündet der Weg in eine Kreisstraße, auf der wir links einbiegen. Leider führt diese Straße erst später auf einen begleitenden Radweg, was diesen Streckenabschnitt etwas unangenehm macht. Noch haben wir etwas Steigung zu bewältigen und sind dann bald auf der höchsten Erhebung dieser Route (135 Meter). Nach dieser rollen wir stetig bergab bis hin zum Lippetal. Nach dreieinhalb Kilometern verlassen wir links bei der 2. Möglichkeit die Kreisstraße Richtung Haltern/Eppendorfund durchqueren eine reizvolle Landschaft. Unterwegs passieren wir die kreisförmige Tannenberg-Kapelle aus Naturstein.

In einer Senke treffen wir an einer Kreuzung auf verschiedene Radrouten. Hier biegen wir links ein. Wieder nimmt uns ein Waldgebiet auf, und nach der Überquerung der Autobahn erreichen wir schon den Stadtrand von Haltern. Es geht immer weiter geradeaus und am Ende einer Allee weist uns ein Schild auf den nahen Hal-

Asphaltiert/
nicht asphaltiert:
75:25

Verkehrsarme
Straßen/autofreier
Streckenanteil:
45:55

Entdecken/Abschalten,
Entspannen:
10:90

Haltern am See

terner Bahnhof hin. Weiter geradeaus geht es ins Stadtzentrum, wo der zentrale Platz an der neugotischen St.-Sixtus-Kirche mit reichlich Außengastronomie aufwartet.

Gleich fünf Seen hat Haltern zu bieten, wovon der stadtnahe Halterner Stausee hervorzuheben ist. Bereits 1930 angelegt, ist er durch Aussandungen mittlerweile auf 300 Hektar angewachsen und bietet eine Vielzahl von Freizeitmöglichkeiten. Allein zehn gastronomische Einrichtungen sind an seinen Ufern verteilt. Und es gibt den sehr bekannten, 800 Meter langen Sandstrand und verschiedene Sport- und Spielmöglichkeiten.

Römer in Westfalen? In ihrem Expansionsdrang beabsichtigten die Römer vor 2000 Jahren, auch östlich des Rheins die Provinz Germanica zu gründen. Das gelang den Römern nur teilweise. Bereits nach wenigen Jahrzehnten mussten sie sich wieder auf die westliche Seite des Rheins zurückziehen. Strategisch spielten Flüsse bei Eroberungen immer eine wichtige Rolle. In diesem Feldzug war es der Fluss Lippe, an dem die Römern mehrere Militärlager errichteten. Bei Haltern hatte die Legion XIX (6000 Soldaten) ihren Stützpunkt, die später bei der Varusschlacht im Jahre 9 n. Chr. unterging. Das hochmoderne Römermuseum zeugt mit über 1000 Originalfunden von der Kultur der Römer. Hier wird das antike Reich wieder lebendig.
LWL-Römermuseum: Weseler Straße 100, 45721 Haltern am See,
Tel. 02364 93760, www.lwl-roemermuseum-haltern.de

Hinweis
Bei der Recherche dieses Reiseführers war bei dieser Tour das Knotenpunktsystem bisher teilweise installiert. Die Übersichtskarte nimmt die Nummernbezeichnung der Knotenpunkte vorweg. Es kann sein, dass Sie bei Ihrem Radausflug die Nummer des Knotenpunkts noch nicht vorfinden. Die Ausschilderung für Radfahrer ist jedoch vorhanden.

Tour-Infos

Stadtcafé
Markt 5
45721 Haltern am See

Zur Kajüte
Strandallee 6
45721 Haltern am See

Pfeiffers Sythener Flora
Am Wehr 71
45721 Haltern-Sythen

Stadt Haltern am See
Dr.-Conrads-Straße 1
45721 Haltern am See
Tel. 02364 933-365/366

Dülmen Marketing
Viktorstraße 6
48249 Dülmen
Tel. 02594 12345
www.duelmen-marketing.de

WEITERE AUSFLUGSZIELE:

Wildpark Dülmen
An der Ziegenweide
48249 Dülmen

Gaststätten mit Biergarten

Zur Kajüte
(Picknickkörbe)
Strandallee 6
45721 Haltern am See
Tel. 02364 169185
www.rossini-haltern.de/de/kajuete

Grosse Teichsmühle
Borkenbergestr 78
48249 Dülmen
Tel. 02594 94350
www.grosse-teichsmuehle.de

Restaurant Café „Haus Waldfrieden"
Börnste 20
48249 Dülmen
Tel. 02594 2273
www.haus-waldfrieden.de

Haltern
Gastronomie um die Stadtkirche und am Stausee

TOUR 8

Auf Tuchfühlung mit Grafen und Fürsten:

Die Schlösser-Route

Das Münsterland ist bekannt für seine Wasserschlösser und Burgen. Diese Tour ist die schlossreichste in diesem Reiseführer. Wir begegnen insgesamt acht Adelshäusern, von denen drei zu den prächtigsten im Münsterland gehören. Wir bewegen uns fast kreisförmig im Süden des Kreises Coesfeld, der überwiegend eben ist. Dieses Mal befindet sich unser Start (und Ziel) mitten auf dem Land und wir sind schon nach den ersten hundert Metern mitten in der reizvollen münsterländischen Parklandschaft.

3:50 Std.

58 km

Keinerlei Steigungen, fast nur ruhige Wirtschaftswege

Schloss Nordkirchen

Die Tourdaten auf einen Blick

Bahnhof Capelle
Am Bahnhof
59394 Nordkirchen-Capelle

Bahnhof Nordkirchen-Capelle (RB 50 Dortmund – Münster)
unterwegs: Bahnhof Lüdinghausen (RB 51 Dortmund – Enschede), Bahnhof Davensberg (RB 50)

Es gibt die Möglichkeit, am Dortmund-Ems-Kanal entlang nach Münster (Tour 10) zu radeln.

STRECKENPROFIL

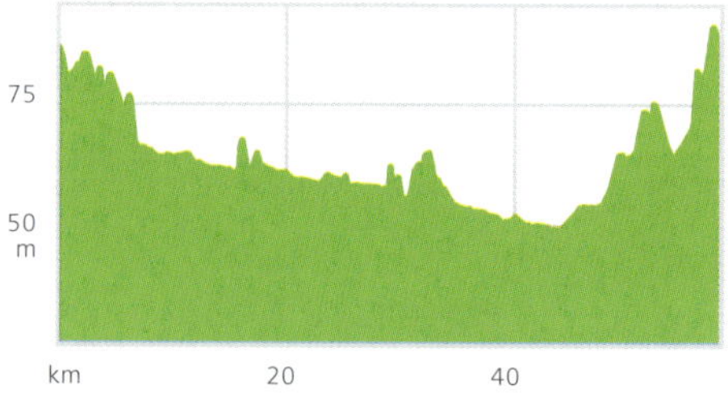

MAX. HÖHE
91 M

FAMILIEN

Eine abwechslungsreiche Tour und die prächtigen Schlösser laden zu vielen Pausen ein.
Spaßfaktor:

★★★★☆

GASTRO

Es gibt reichlich Einkehrmöglichkeiten und davon sind vier stilgerecht im Schlosspark.
Gastro-Dichte:

★★★★★

UNTER STROM

Es dürfte keine Probleme geben.
Die Tour ist so gut wie ohne Steigungen.
Die Distanz ist überschaubar und unterwegs haben wir drei Ladestationen.
Schubkraft:

★★★★★

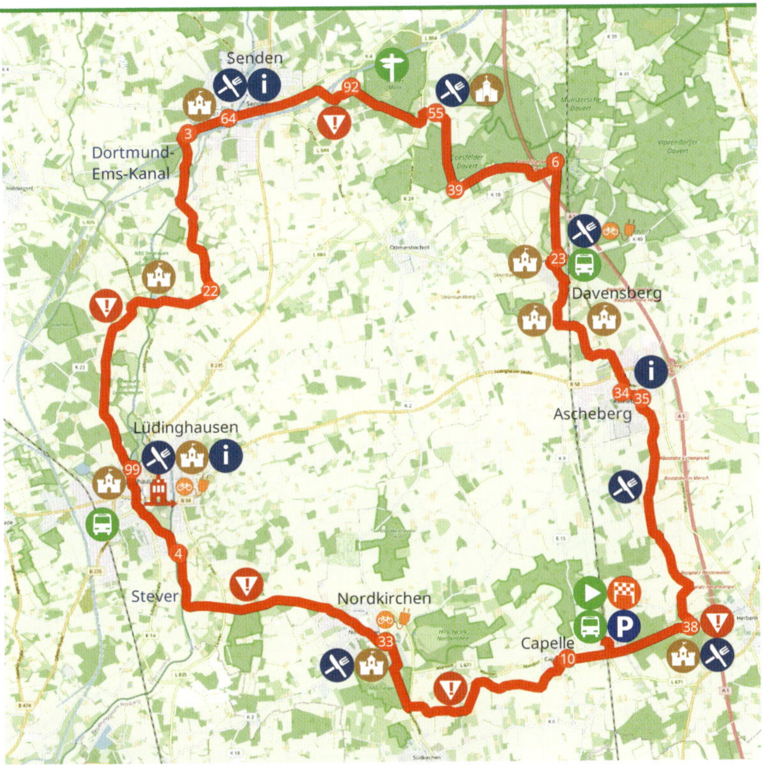

Marien-Kapelle
am Schloss Senden

Von der Haltestation Capelle geht es rechts zur nahen Hauptstraße, wobei wir direkt davor links in eine kleine Straße einbiegen (hier wären auch geeigneten Parkplätze). Kurze Zeit später empfängt uns ein Wald, an dessen östlichen Ende sich der Schlosspark von Schloss Westerwinkel nebst Golfplatz anschließt. Neben dem beeindruckenden Gebäudeensemble des Schlosses lohnt sich auch ein den Blick auf den alten prächtigen Baumbestand. Auf unserem Weg findet sich auf unserer linken Seite (etwas versteckt) ein solches wunderbares Exemplar, das schon über 500 Jahre alt sein soll (auf der Höhe der ersten Gräfte).

Kaum zu glauben, dass man in der Nähe des prachtvollen Schlosses Nordkirchen auf ein weiteres bedeutendes Schloss stößt. Schloss Westerwinkel bildet mit seinen vier Flügeln eine geschlossene Anlage, an deren Ecken sich jeweils ein mit einer Wetterfahne geschmückter Turm erhebt. Eingebettet ist das Wasserschloss in einen englischen Landschaftspark mit einem beachtlichen alten Baumbestand. Gegenüber dem kastellartigen Hauptschloss liegt ein weiterer Teich mit einer Garteninsel. Das Schloss ist im Privatbesitz. Führungen sind nach Voranmeldung möglich. Die Außenanlagen sind hingegen frei zugänglich.
Schlossverwaltung: Tel. 02599 98878

Direkt am Schloss verlangt der Routenverlauf verstärkt unsere Aufmerksamkeit, weil wir das ausgeschilderte Radwegenetz verlassen. Wir radeln nun genau zwischen den beiden Gräften entlang, wobei wir einen schönen Blick auf die Schlossanlage (Privatbesitz) erhaschen können. Am Ende halten wir uns links und fahren über den Parkplatz hinweg. Die kleine Straße führt dann am Waldrand entlang und mündet in eine Vorfahrtstraße. Nun heißt es rechts einbiegen und an der darauffolgenden Kreuzung links. Diesen Wirtschaftsweg brauchen wir bis Ascheberg nicht mehr zu verlassen. Er schlängelt sich durch die Bauernschaft. Unterwegs passieren wir ein einladendes Bauern-Café mit einer Milchtanke.

Vor Ascheberg nimmt uns das Wegenetz wieder auf. Wir lassen uns durch die roten Fahrradschilder durch den Ort leiten. Um die spätgotische Hallenkirche St. Lambertus herum stehen noch einige ältere Gebäude. Beim nächsten Abzweig orientieren wir uns Richtung Davensberg. Die Schilder weisen uns am Ortsausgang zunächst über die verkehrsreiche Bundesstraße 58 hinweg und nach ca. 500 Metern in die zweite Straße links. Unterwegs passieren wir die zwei kleinen Adelshäuser Haus Romberg und Haus Byink, die allerdings im Privatbesitz sind. Eine Hauptstraße führt uns links durch den kleinen Ausflugsort Davensberg, wo wir auf der Höhe der Dorfkirche rechts am Burgturm vorbei Richtung Venne/Ottmarsbocholt radeln.

Asphaltiert/
nicht asphaltiert:
85:15

Verkehrsarme
Straßen/autofreier
Streckenanteil:
65:35

Entdecken/Abschalten,
Entspannen:
15:85

Wir überqueren die nahe Autobahn A1 gleich zweimal, weil unsere Route hier die Richtung wechselt und nun nach Westen führt (Ottmarsbocholt). Bei der Abfahrt von der zweiten Autobahnbrücke müssen wir rechts abbiegen und nach 300 Metern nochmal links in einen Forstweg Richtung Venne, das wir bald erreichen.

Der Ort Venne besteht nur aus einer Kapelle aus dem 12. Jahrhundert mit einer sehenswerten bemalten alten Holzdecke und einem größeren Ausflugslokal. Wir nutzen auf der rechten Seite den Straßenübergang und folgen den Radschildern, die dann nach rechts in einen Wirtschaftsweg führen. Erneut biegen wir bei nächster Gelegenheit (unmittelbar hinter einer Kurve) rechts ab und durchqueren einen weiteren Wald. Am Ende des Weges (hier können sie auch längs des Kanals zum 17 Kilometer entfernten Münster radeln) halten wir uns links und hinter dem folgenden großen Bauernhof rechts zum nahe gelegenen Dortmund-Ems-Kanal. Die Radschilder des Radwegenetzes weisen hier zwar in eine andere Richtung, doch dieser Weg am Kanal ist angenehmer zu radeln als nachfolgend die Hauptstraße zu nehmen.

Dortmund-Ems-Kanal

Schon auf der anderen Seite des Kanals empfangen uns wieder die roten Radwegmarkierungen. Bald erreichen wir die ersten Häuser von Senden. Wir bleiben weiter direkt am Kanal, könnten aber auch die parallel verlaufende schöne Baumallee (auch autofrei) nutzen, die später am Schloss Senden endet. Das Schloss mit seinen breiten Gräften befindet sich im Privatbesitz und unterhält ein Schloss-Café und Picknickplatzangebot. (Führungen Schloss Senden e. V., Tel. 02597 939927).

Schloss Senden

Die nächste Kanalbrücke ist die unsere. Wir überqueren also die Wasserstraße (nun Richtung Lüdinghausen) und später noch mal „Die alte Fahrt" (ein stillgelegter, etwa acht Kilometer langer Abschnitt des Dortmund-Ems-Kanals), die sich allmählich zu einem Naturreservat mausert.

Auf halber Strecke nach Lüdinghausen passieren wir das Haus Kakesbeck, eine Wasserburg aus dem 13. Jahrhundert. Sie befindet sich auch im Privatbesitz, aber wir haben von der Straße aus einen guten Blick auf die Burggebäude (Gruppenführungen nach Voranmeldung Tel. 02597 88 99).

Haus Kakesbeck

Wir überqueren die Stever, die wir später noch besser kennenlernen und kommen schließlich am Elwerter Dreieck (erkennbar an einem netten Picknickplatz und einer kleinen Gedenkstätte) aus. Hier verlassen wir den ausgeschilderten Radweg, der rechts weiterführt und folgen weiter links der Birkenallee. Die eigentliche ausgeschilderte Route nach Lüdinghausen macht einen Schwenker durch das Umland und erreicht erst später die Drei-Burgen-Stadt. Unsere schöne Allee endet auf einer kleinen Hauptstraße, die von einem Radweg begleitet wird. So kommen wir schon bald zu der sehr bekannten Burg Vischering, eine der wenigen Burgen im Münsterland, die man auch besichtigen kann. In Sichtnähe liegt die Burg Lüdinghausen, die wir an einer Turmspitze (ähnelt einem Kirchturm) erkennen.

Die Radroute führt später rechts längs eines Baches und schließlich direkt durch die Altstadt von Lüdinghausen und an der spätgotischen Felizitas-Kirche mit ihren großformatigen, ausgesprochen bunten Fenstern vorbei. Im Gegensatz zu vielen anderen Ortschaften hat der Ortskern von Lüdinghausen den Zweiten Weltkrieg weitgehend unzerstört überstanden.

Innerhalb von Lüdinghausen orientieren wir uns an den Verkehrsschildern nach Olfen/Selm. Auf diese Weise haben wir nachher einen schönen Streckenabschnitt an der Stever. Nach 2,5 Kilometern verlassen wir die Stever links und fahren entgegen der Fahrrad-Beschilderung in östlicher Richtung geradeaus weiter über die nahe Hauptstraße hinweg. Am Ortseingang von Nordkirchen folgen wir ausnahmsweise am Kreisverkehr den Auto-

Im Mittelalter galten die Ritter von Lüdinghausen lange als Widersacher des Fürstbistums Münster. Als Demonstration ihrer Macht errichteten die Fürstbischöfe eine große Wehrburg in unmittelbarer Nähe der Stadt. Die Burg Vischering zählt zu den bekanntesten Gebäuden im Münsterland und gilt zugleich als Musterbeispiel einer mittelalterlichen Schutzburg. Entgegen anderen adeligen Häusern im Münsterland ist diese Burg öffentlich zugänglich und beherbergt das Münsterlandmuseum (Geschichte der Burg, Kulturzentrum des Kreises). Von den großen Verwüstungen des Zweiten Weltkrieges weitgehend verschont ist der Stadtkern von Lüdinghausen und mit seinen vielen alten Häusern zudem sehr reizvoll. Dazu tragen auch die mehrere künstlichen Seitenarme der Stever bei, die im Mittelalter zu Wehrhaftigkeit des Ortes beitrugen. Bei Sonnenschein ist unbedingt ein Besuch der spätgotischen Kirche St. Felizitas angesagt. Dann zeigen die reich ausgemalten Fenster ihre volle Pracht.
Münsterlandmuseum: Berenbrock 1, 59348 Lüdinghausen,
Tel. 02591 79900, www.burg-vischering.de

Hinweis
Bei der Recherche dieses Reiseführers war bei dieser Tour das Knotenpunktsystem noch nicht komplett installiert. Die Übersichtskarte nimmt die Nummernbezeichnung der Knotenpunkte vorweg. Es kann sein, dass Sie bei Ihrem Radausflug die Nummer des Knotenpunkts noch nicht vorfinden. Die Ausschilderung für Radfahrer ist jedoch vorhanden.

schildern (Richtung Schloss). In der Ortsmitte an der Kirche nimmt uns das Radwegenetz wieder auf und führt uns zum Schloss. In der Parkanlage ist Radfahren möglich, aber wegen der zahlreichen Spaziergänger ist Schrittgeschwindigkeit geboten. Wir werden unser Fahrtempo ohnehin reduzieren, denn die schiere Größe der Anlage versetzt uns ins Staunen. Unsere Route führt links am Schloss vorbei und gewährt uns auch noch einen Blick auf die offene Südseite der Anlage. Wir brauchen noch einen weiteren Kilometer, bevor wir das Schlossgelände wieder verlassen.

Die nahe Hauptstraße überqueren wir links versetzt. Am Ende des Wirtschaftsweges halten wir uns entgegen der Radbeschilderung links und kurz vor einer Hauptstraße rechts („Gorfelds Placken"). Am Ende dieses Weges sind wir wieder auf dem Radwegenetz, das uns links durch den kleinen Ort Capelle geleitet und dann über eine Hauptstraße zum Bahnhof Capelle.

Wegen seiner großen Ausmaße wird das barocke Schloss Nordkirchen auch als das „Westfälische Versailles" bezeichnet . Der Fürstbischof von Plettenberg erwarb Ende des 17. Jahrhunderts die alte Wehranlage und ließ sie im Laufe von 30 Jahren zu einer repräsentativen Residenz ausbauen. Der Schlosspark hat ein Ausmaß von 172 Hektar mit einer Mittelachse von über zwei Kilometern. Der Umfang der Schlossinsel beträgt 500 Meter. Flankiert wird das Schloss von breiten Wassergräben, Pavillons und einem Barockgarten, so dass der Blick auf die prächtige Anlage ein wahrer Augenschmaus ist. Um dem drohenden Verfall vorzubeugen, erwarb das Land NRW die Gebäude und nutzt sie aktuell als Standort für die Hochschule für Finanzen. Teile der prachtvollen Räume sind im Rahmen einer Führung zu besichtigen. Das Schloss war übrigens einer der Drehorte für den Spielfilm Spencer (über Prinzessin Diana).
Tel. 02596 933-0, www.schloss.nordkirchen.net

Tour-Infos

Blaudruckerei
Münsterstraße 51
59348 Lüdinghausen

Rathaus Nordkirchen
Bohlenstr. 2
59394 Nordkirchen

Hotel Clemens August
Burgstr. 54
59387 Ascheberg-Davensberg

Burg Vischering
Berenbrock 1
59348 Lüdinghausen

Ascheberg Touristinfo
Ascheberg, Herbern und Davensberg
Katharinenplatz 1
59387 Ascheberg
Tel. 02593 6091300
www.ascheberg-touristinfo.de

Tourist-Information Senden
Anton-Aulke-Ring 1
48308 Senden
Tel. 02597 699-0
www.senden-westfalen.de

Tourist-Information Lüdinghausen
Borg 4
59348 Lüdinghausen
Tel. 02591 78008
www.lhmarketing.de

WEITERE AUSFLUGSZIELE:

Venner Moor
Dorfbauernschaft
48308 Senden

Gaststätten mit Biergarten

Hugo am Schloss
Horn-Westerwinkel 5
59387 Ascheberg
Tel. 02599 7595933
www.gc-westerwinkel.de

Bauerncafe
Bakenfelder Weg 108
59387 Ascheberg

Hotel Restaurant Clemens August
Burgstr. 54
59387 Ascheberg-Davensberg
Tel. 02593 604-0
www.hotel-clemens-august.de

Hotel & Restaurant Venner-Moor
Venne 3
48308 Senden
Tel. 02598 409
www.venner-moor.de

Schloss Café Senden
Holtrup 3
48308 Senden

Lüdinghausen
Im historischen Stadtkern und in der Burg Vischering

Schloss Restaurant Nordkirchen
Schloß 1
59394 Nordkirchen
Tel. 02596 972 472
www.lauter-nordkirchen.de

TOUR 9

Tour mit Aussichten:

Eine Reise durch die Baumberge

Wir befinden uns im Kernmünsterland, im Zentrum der Westfälischen Bucht. Hier erstreckt sich auch der Höhenzug der Baumberge. Ehrgeizig wie wir sind, begnügen wir uns nicht nur mit einer Tour durch den Höhenzug, sondern bezwingen auch den höchsten Berg des Münsterlandes (abgesehen vom Tecklenburger Land). Wir haben also einen Weitblick über die hügelige Landschaft. Diese Tour führt uns auch zu den Spuren des Missionars vom Münsterland – dem heilige Liudger.

3:00 Std.	45 km	Die „bergigste" Tour dieses Buches, moderate Steigungen

Baumberge

Die Tourdaten auf einen Blick

Park & Ride Bahnhof Coesfeld
(weitere in der Nachbarschaft) Wiesenstraße 44, 48653 Coesfeld
Alternativ Kloster Gerleve Gerleve 1 48727 Billerbeck

Bahnhof Coesfeld (RE 14 von Essen, RB 51 Dortmund – Enschede, RB 63 von Bahnhof Münster Zentrum Nord) unterwegs: Billerbeck-Lutum und Billerbeck (RB 63)

Der Tourenverlauf beschreibt eine langgezogene Schleife, daher gibt es mehrere Möglichkeiten, Billerbeck direkt anzusteuern.

STRECKENPROFIL

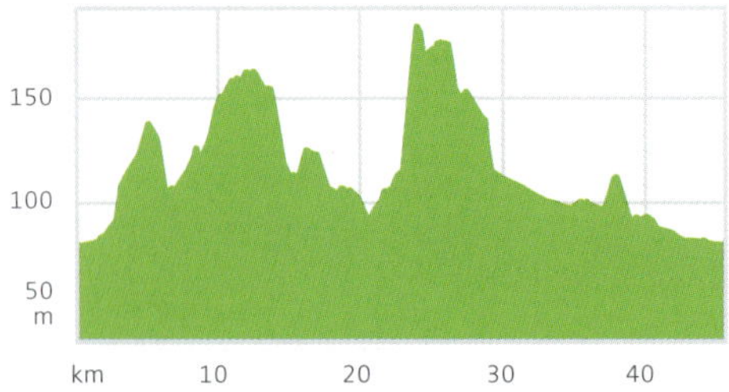

MAX. HÖHE
187 M

FAMILIEN

Bei dieser Tour gibt zwar keine Freizeitparks, aber immer wieder weite Aussichten. Wenn man Nottuln auslässt, ergibt sich die kürzeste Tour dieses Buches.
Spaßfaktor:

★★★☆☆

GASTRO

Unterwegs gibt es in den Ortschaften Einkehrmöglichkeiten.
Gastro-Dichte:

★★★★☆

UNTER STROM

Dies ist zwar die bergigste Tour dieses Buches, aber es handelt sich dabei eher höhere Hügel. Unterwegs gibt es zwei Ladestationen.
Schubkraft:

★★★★★

Rathaus Billerbeck

Von der Westseite des Bahnhofs aus zeigt uns der Radwegeweiser („zu den Radrouten") den Weg. Autofahrer finden auf den drei Park&Ride-Parkplätzen beiderseits des Bahnhofs einen Platz. Alternativ wäre auch der große Parkplatz vom Kloster Gerleve möglich, wenn man nicht in die Stadt hineinfahren will. Wir überqueren beide Gleiskörper und halten uns anschließend an der großen Kreuzung halbrechts zum Fahrradweg, den ein Wassergraben begleitet. Diesen angenehmen Weg nutzen wir, bis uns nach einem Kilometer ein Fahrradschild rechts nach Nottuln lenkt. Wir überqueren eine große Kreuzung und biegen unmittelbar danach links in einen Seitenweg (nicht ausgeschildert) und dann die nächste Möglichkeit rechts („Am Honigbach" im weiteren Verlauf „Gerlever Weg").

Asphaltiert/
nicht asphaltiert:
80:20

Verkehrsarme
Straßen/autofreier
Streckenanteil:
60:40

Entdecken/Abschalten,
Entspannen:
25:75

Auf diese Weise verlassen wir Coesfeld über eine kleine Feldstraße, die über eine lange Strecke hinweg von Obstbäumen gesäumt ist (interessant für die Radler im Herbst), und steuern direkt auf das Kloster Gerleve zu, das wir schon bald an seinem doppeltürmigen Kirchbau erkennen. Hier nimmt uns auch das Radwegenetz wieder auf, dem wir rechts den Berg hinunter folgen und dann kurz vor der anschließenden Hauptstraße links abbiegen.

Wir haben nun 50 Höhenmeter bewältigt, die uns immer wieder zwischendurch einen Fernblick gestatten u. a. auch auf Billerbeck mit seinem doppeltürmigen Dom. Wir schlängeln uns durch die Hügellandschaft, überqueren eine Hauptstraße rechts versetzt und nähern uns über eine kleine Nebenstraße Nottuln. Kurz nachdem wir erneut eine Hauptstraße überquert haben (dieses Mal links versetzt) gibt es auch die Möglichkeit Billerbeck direkt anzusteuern und so die Schleife über Nottuln auszulassen.

Blick auf Billerbeck

Knapp drei Kilometer weiter gelangen wir über einen neuen Fahrradweg ins Ortszentrum, dessen Kirchplatz mit schönen Häusern aus dem ockergelben Baumberger Sandstein flankiert wird. Sicherlich verweilen wir hier eine Weile auf dem

Der Benediktinerabtei Gerleve gehören zurzeit 37 Mönche an. Beliebt sind die Gesänge des Gregorianischen Chorals bei den Gottesdiensten. Die Klosteranlage ist im einfachen neoromanischen Stil gehalten und wird dominiert von zwei 42 Meter hohen Türmen. Das Kircheninnere ist eher schlicht. Umso eindringlicher wirkt die spärliche, aber kostbare Ausstattung (z. B. spätromanische Kreuzigungsgruppe) auf die Besucher. Der Abtei sind ein Gasthaus und eine Klostergaststätte mit Picknickplatz angegliedert. www.abtei-gerleve.de

ruhigen Kirchplatz (Außengastronomie vorhanden). Aus Nottuln heraus geht es über die „Burgstraße". Dieser Weg gehört nicht zum Radwegenetz, hat aber für uns den Vorteil, das er immer geradeaus über die Umgehungsstraße zur Stever führt. Die „Burgstraße" beginnt unmittelbar an der Ostseite des Kirchplatzes. Sie ist zwar als Einbahnstraße ausgeschildert, aber von der anderen Seite in beiden Richtungen für Fahrräder freigegeben.

Wahrscheinlich gehen die Anfänge der Geschichte von Nottuln auf eine frühe Pfarrgründung durch den Missionar Liudger zu Beginn des 9. Jahrhunderts zurück. Keimzelle des Ortes bildete ein Damenstift (erste Äbtissin Heriburg, die Schwester von Liudger). Nach einem zerstörerischen Brand im Ortszentrum wurde der Bezirk vom Architekten Johann Conrad Schlaun wieder aufgebaut und präsentiert sich noch heute als geschlossenes barockes Ensemble mit der spätgotischen Hallenkirche St. Martinus aus Baumberger Sandstein. Nicht unerwähnt darf die Blaudruckerei am Ort sein. Diese Technik aus dem 17. Jahrhundert findet man europaweit nur noch in 15 Betrieben. 2018 wurde das alte Kunsthandwerk in die Liste des Immateriellen Kulturerbes der Menschheit der UNESCO aufgenommen. Kirchplatz 8, 48301 Nottuln, Tel. 02502 9347, www.kentrup.eu

An dem Fluss Stever (dem wir auch bei der Tour 8 begegnen) angelangt, haben wir wieder die Radschilder für unsere Route zur Verfügung (links einbiegen). Obwohl die Quelle der Stever nur zwei Kilometer entfernt ist, besitzt der Fluss schon so viel Wasserkraft, um in früheren Zeiten in dieser Gegend vier Wassermühlen anzutreiben. Auf eine Mühle (mit Wassertretbecken und einem gemütlichen Rastplatz) stoßen wir direkt am Anfang des Weges durch das schöne Tal der Stever. Wir folgen der Stever flussaufwärts. Erneut überqueren wir eine Hauptstraße rechtsversetzt und verlassen dann die ausgeschilderte Radroute nach knapp 800 Metern scharf rechts. An der Stelle befindet sich auch ein Flurkreuz. Den nicht motorisierten Radlern steht eine körperliche Anstrengung bevor, denn die folgende Steigung ist recht kräftig. Aber sie zieht sich nur über ca. 600 Meter hin und zudem durch einen schattigen Wald.

Longinusturm

Nun haben wir den Westerberg bezwungen, mit 188 Meter die höchste Erhebung der Baumberge. Wer noch Kondition hat, kann die 129 Stufen des Longinusturms erklimmen. Von diesem beliebten ca. 100 Jahre alten Aussichtsturm hat man einen Rundblick über das Münsterland. Hier gibt es auch eine schöne Terrasse. Gegenüber erhebt sich der

SCHON GEWUSST?

Mitten im Kernmünsterland erstreckt sich der höchste Höhenzug des Münsterlandes, die Baumberge. Der Untergrund besteht aus Sandstein, der mit Kalk gebunden ist. Diesem Gestein mit seiner typischen blassgelben Farbe werden wir bei manchen Bauwerken im Münsterland begegnen (z. B. Paulus Dom, Rathaus von Münster). Die Baumberge bilden die Wasserscheide zwischen Ems und Rhein. www.baumberge-touristik.de

181 Meter Sendemast des WDR, der ganz Münsterland mit Fernsehprogrammen versorgt.

Unsere verdiente Abfahrt wird allerdings durch ein Stoppschild ausgebremst. Hier folgen wir dieser

Billerbeck brilliert schon von weitem durch die schlanken hohen Kirchtürme die Propsteikirche St. Ludgerus und der St. Johannis Kirche. Die imposanten Ausmaße des „Ludgerus Doms" (Platz für bis 4000 Besucher) sind ungewöhnlich für eine Kleinstadt. 809 verstarb hier der heilige Liudger am Ort der Sterbekapelle, die zugleich auch Ziel von Wallfahrern ist. Liudger war der Missionar des Münsterlandes und der erste Bischof von Münster. Eindrucksvoll ist der Blick auf den Chorraum mit seinem großen Flügelaltar und den großen bunten Chorfenstern mit Darstellungen aus dem Neuen und Alten Testament. In der Nachbarschaft steht die wesentliche ältere Pfarrkirche St. Johannis. Sie gilt als besonderes Baudenkmal der Spätromantik. Um den Kirchplatz gruppieren sich einige Häuser aus dem 18. Jahrhundert. Beachtenswert ist die Martersäule, die den Gläubigen zur Andacht ermahnt. Die Säule krönt ein Hahn, der an die Verleugnung Jesu durch Petrus erinnert. Am südlichen Stadtrand steht das Haus Kolvenburg. Die ehemalige Wasserburg ist heute Kulturzentrum des Kreises Coesfeld.
An der Kolvenburg 3, 48727 Billerbeck, Tel. 02543 1540, www.kolvenburg.de

Nebenstraße links in westlicher Richtung. Da es nun erstmal leicht bergab geht, müssen wir bei der Ferienanlage Baumberge aufpassen. Denn statt die abknickende Nebenstraße weiter schön runterzurollen, geht es hier für uns geradeaus. Die autofreie Straße verjüngt sich nachher zu einem Pfad und nach gut zwei Kilometern erreichen wir den Ortsrand von Billerbeck. Aber von der Stadt sehen wir erstmal nichts. Unsere Route führt zunächst erstmal zur Quelle der Berkel. Die Berkel wird für die nächsten fünf Kilometer unser Begleiter und führt durch eine langgezogene Grünanlage von Billerbeck. Wir sollten allerdings die Kolvenburg nicht verpassen. Sie liegt direkt links von uns, wenn wir eine kleine Straße erreichen. Auf den Ortskern mit seinem alten Häuserbestand weisen uns die schlanken hohen Türme der mittelalterlichen Johanniskirche (78 Meter) hin und der neugotische Ludgerus-Dom (100 Meter). Die Pfade längs der Berkel führen uns aus Billerbeck wieder hinaus.

Doch irgendwann müssen wir weiter in südlicher Richtung und wählen in der Bauernschaft Osthellen den Weg Richtung Bahnhof Coesfeld, wo wir uns auf einer längeren Geraden dem Bahnhof Lutum nähern. Seltsamerweise ist der Radweg dort als Bahntrasse bezeichnet (Symbol eines Gleiskörpers). Hat jemand hier zu voreilig gehandelt, denn auf der Bahntrasse liegen noch Gleise, die auch weiterhin von der Baumbergbahn stündlich befahren werden?! Die Strecke gehört zur RadBahn Münsterland, einer Bahntrasse, die ab Lutum als separater Radweg nach Rheine ausgebaut ist. Diese Bahntrasse lernen wir auf den Touren 4 und 5 kennen.

Noch vor der Haltestation Lutum geht es links an der letzten Hügelkette der Baumberge vorbei. Wir kommen schließlich über eine Hauptstraße mit begleitendem Radweg in die Stadt Coesfeld

!

SCHON GEWUSST?

Heiliger Liudger

Der Missionar spielte für das Münsterland eine große Bedeutung. Karl der Große beauftragte ihn Ende des 8. Jahrhunderts mit der Missionsleitung des westlichen Sachsen. Er forcierte die Pfarrgründung des kurz vorher befriedeten Münsterlandes und wurde der erste Bischof von Münster. Auf ihn gründete sich später das Fürstbistum Münster, das jahrhundertelang Bestand hatte. Er verstarb 809 in Billerbeck. Seine sterblichen Überreste wurden in der Krypta der Basilika St. Ludgerus in Essen- Werden beigesetzt.

hinein und fahren beim inneren Stadtring links auf den Radweg, der sich später von der Straße löst und den Grünstreifen von Coesfeld nutzt. Bei der Fahrt haben wir einen Blick auf die Reste der Stadtmauer (Walkenbrückentor mit dem Stadtmuseum und den Pulverturm). Am Ende dieses hübschen autofreien Weges finden wir links den nahen Bahnhof und die Parkplätze.

SCHON GEWUSST?

Anna Katharina Emmerick wurde 2004 seliggesprochen und ist besonders bekannt für ihre Visionen, die von Clemens von Brentano verschriftlicht wurden. In Coesfeld steht noch ihr Geburtshaus, dass insofern auch ein seltenes Anschauungsbeispiel für die damalige Lebensweise armer Bauern darstellt (im Gegensatz zu den prächtigen Schlössern). Anfang des 19. Jahrhundert trat sie in Dülmen in ein Kloster ein und arbeitete nach der Aufhebung des Klosters als Hauswirtschafterin. Ihr Grab ist in der Krypta der Heilig-Kreuz-Kirche in Dülmen untergebracht.

Emmerickweg 20 (vom Startpunkt aus beim Bahnübergang links)
Tel. 02541 4461 (Voranmeldung)
www.anna-katharina-emmerick.net

Coesfeld (gesprochen Kohsfeld) gehört zu den vier Urpfarren des Münsterlandes und erhielt bereits 1197 die Stadtrechte. Im Zweiten Weltkrieg wurde der größte Teil der historischen Bausubstanz der alten Hansestadt zerstört. Zentrum der Kreisstadt bildet die spätgotische Lambertikirche. Ihr wertvollstes Inventar ist das große, berühmte Coesfelder Kreuz aus dem 14. Jahrhundert. Das Kreuz ist auch Ziel von Wallfahrten, für welche der Fürstbischof Christoph Bernhard von Galen den etwa zehn Kilometer langen „Großen Kreuzweg" stiftete, der sich nordwestlich vom Stadtkern durch die anliegenden Bauernschaften zieht. Von der mittelalterlichen Stadtbefestigung sind noch der Pulverturm und das Walkenbrückentor erhalten.

Hinweis

Bei der Recherche dieses Reiseführers war bei dieser Tour das Knotenpunktsystem noch nicht komplett installiert. Die Übersichtskarte nimmt die Nummernbezeichnung der Knotenpunkte vorweg. Es kann sein, dass Sie bei Ihrem Radausflug die Nummer des Knotenpunkts noch nicht vorfinden. Die Ausschilderung für Radfahrer ist jedoch vorhanden.

Tour-Infos

Café Central
Bernhard-von-Galen-Str. 33-37
48653 Coesfeld

Ratsschänke Böcker-Menke
Kirchstr. 2
48301 Nottuln

Gasthaus Stevertal
Stevern 36
48301 Nottuln

Das kleine Café
Johannikirchplatz 19
48727 Billerbeck

Tourist Information Coesfeld
Markt 8
48653 Coesfeld
Tel. 02541 9391009
www.coesfeld.de

Tourist-Information Nottuln
Stiftsplatz 8
48301 Nottuln
Tel. 02502 9420
www.nottuln.de

Stadt Billerbeck – Touristik
Markt 1
48727 Billerbeck
Tel. 02543 7373
www.billerbeck.de

Gaststätten mit Biergarten

Gasthaus Stevertal

Stevern 36
48301 Nottuln
Tel. 02502 94010
www.gasthaus-stevertal.de

Das kleine Café

Johannikirchplatz 19
48727 Billerbeck
Tel. 02543 4630
www.daskleinecafe.de

Benediktinerabtei Gerleve

Klostergaststätte (mit Picknickkorb)
Gerleve 1
48727 Billerbeck
Tel. 02541 800-0
www.abtei-gerleve.de

Nottuln

Im Historischer Ortskern von Nottuln

TOUR 10

Literarische Spuren:

Annette von Droste-Hülshoff und Münster

Am Ende dieser Tour werden wir einiges über die große Dichterin Annette von Droste-Hülshoff wissen. Wir besuchen ihre Wirkungsstätten, die malerisch im Kernmünsterland liegen. Einen bleibenden Eindruck wird auch Münster, die Fahrradhauptstadt, bei uns hinterlassen. Dort haben wir allerdings das Problem, dass wir nicht alle lohnenden Ziele besuchen können. Die einzige Großstadt des Münsterlandes ist zugleich auch dessen historischer Mittelpunkt und verfügt über ein vielfältiges Kulturangebot, unter anderem etwa 25 Museen. Also genießen wir die westfälische Gastlichkeit und fahren dann am nächsten Tag die Tour 11 weiter. Oder wir besuchen nochmals Münster.

3:60 Std.

60 km

keine Steigungen, die Großstadt Münster lässt sich fahrradfreundlich durchqueren

Denkmal für die Dichterin Annette von Droste-Hülshoff im Garten von Burg Hülshoff in Havixbeck

Die Tourdaten auf einen Blick

(Parkplätze in Münster sind kostenpflichtig)
Schlossplatz Nord
(direkt an der Promenade)
Schlossplatz 8
48143 Münster

etwas günstiger
Cineplex Parkhaus
(1 km südlich vom Bahnhof)
Albersloher Weg 14
48155 Münster

alternativ Burg Hülshoff
(12 km westlich von Münster)
Schonebeck 6
48329 Havixbeck

Hauptbahnhof Münster
(aus allen Richtungen zu erreichen – 12 Linien des Nahverkehrs)
unterwegs Bahnhof Greven
(RE 7 Krefeld – Rheine,
RE 15 Münster – Emden,
RB 65 Münster – Rheine)

Kombinationsmöglichkeit von Münster aus mit der Tour 11

STRECKENPROFIL

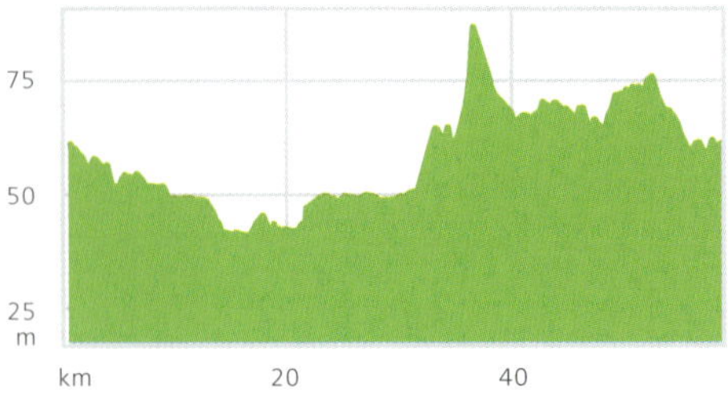

MAX. HÖHE
93 M

FAMILIEN

Münster bietet viele Erlebnisse und ist zudem sehr fahrradfreundlich.
Spaßfaktor:
★★★☆☆

GASTRO

Münster hat ein großes Angebot und auch unterwegs gibt es Einkehrmöglichkeiten.
Gastro-Dichte:
★★★★★

UNTER STROM

Kaum Steigungen und unterwegs gibt es Ladestationen.
Schubkraft:
★★★★★

Greven
Ems
Gimbte
Altenberge
Hansell
Dortmund-Ems-Kanal
Münster
71
68
69
70
3
26
53
41
42
66
43
44
7
71
15
28
45
62
1
74

Vom Hauptbahnhof aus gesehen bewegen wir uns geradeaus in den Fußgängerzonenbereich, der auch für Radler freigegeben ist (Schritt fahren!). Hier bekommen wir schon einen ersten Eindruck von der Fahrradhauptstadt. Trotz der sehr großen Radstation am Bahnhof stapeln sich hier fast die Räder. Dahinter erreichen wir die Promenade. Sie ist das Herzstück der Münsteraner Radwege. Aus der 4,5 Kilometer langen ehemaligen Wehranlage entstanden bereits im 18. Jahrhundert Grünanlagen und letztlich dann der großzügige Radweg. An die vielen Radfahrer auf der „Fahrradautobahn" müssen wir uns ein wenig gewöhnen. Wir biegen rechts ein und verlassen sie nach ca. einem Kilometer Richtung Handorf („Hörster Straße"), später Schleuse und Gimbte. Aber Achtung: Wenn wir den großen mittelalterlichen Zwinger sehen, sind wir bereits ein paar hundert Meter zu weit auf dem Fahrradring geradelt! Hinter der Querstraße empfängt uns zunächst eine Fahrradstraße und unmittelbar hinter der Hauptstraße geht es rechts in die „Holsteiner Straße", über die Bahngleise und dann direkt vor einer weiteren Eisenbahnbrücke links.

Die Promenade: wichtige Verkehrsachse für Münsters Radfahrende

Über diesen kleinen autofreien Weg („Schleusenweg") gelangen wir geradewegs an den Dortmund-Ems-Kanal unweit der Schleuse Ost. Wir begleiten den Kanal links. Es geht nun zunächst komfortabel autofrei geradeaus. Dennoch ist etwas Aufmerksamkeit verlangt, denn die nahe Böschung ist ungeschützt und in weiten Teilen auch nicht bewachsen (Sturzgefahr in den Kanal).

Münster wurde in der Nachkriegszeit behutsam wieder aufgebaut. Bestes Beispiel dafür ist der wiederentstandene Prinzipalmarkt mit seinen stolzen Kaufmannshäusern. Innerhalb dieser Häuserreihen findet man auch das gotische Rathaus mit dem Friedenssaal (noch im Original), wo 1648 nach langen Verhandlungen der Dreißigjährige Krieg beendet wurde. Flankiert wird die eindrucksvolle Häuserreihe von der Lambertikirche. An deren Kirchturm hängen eiserne Käfige, in denen vor ca. 500 Jahren Kirchenrebellen ein klägliches Ende beschieden war. In direkter Nachbarschaft steht der große St.-Paulus-Dom mit einer besonderen Attraktion: einer astronomischen Uhr aus dem Spätmittelalter. Sie dreht sich seltsamerweise entgegen dem Uhrzeigersinn. Von den etwa 25 Museen in Münster seien hier nur die bekanntesten erwähnt, wie z. B. das Kunstmuseum Pablo Picasso, das LWL-Museum für Naturkunde und der historische Friedenssaal im Rathaus. Münster ist die einzige Großstadt im Münsterland und damit das Herzstück und das historische Zentrum.
www.muenster.de
www.museen-in-muenster.de

SCHON GEWUSST?

Münster gilt als die Fahrradhauptstadt der Nation! Am Hauptbahnhof steht mit 3.500 Stellplätzen das bundesweit größte Fahrradparkhaus (soll in den nächsten Jahren noch einmal um 2000 Plätze erweitert werden). Münster wurde wiederholt mit der Auszeichnung als „fahrradfreundlichste Großstadt Deutschlands" geehrt. Wohl zu Recht, denn etwa 40 % aller Fahrten in Münster werden mit dem Fahrrad (münsterländisch: „Leeze") zurückgelegt. Mit einer Fahrt über die Promenade, eine gut ausgebaute innere Ringstraße für Radler (bis zu 2000 Fahrer pro Stunde), können sie mal die Fahrradatmosphäre in dieser dafür vorbildlichen Großstadt erleben.

Nach etwa fünf Kilometern verlassen wir unmittelbar hinter der dritten Kanalbrücke (kurz vorher passieren wir einen kleinen Hafen) den Kanal (2022 nicht ausgeschildert). Die kleine Straße führt uns durch das Naturschutzgebiet Rieselfelder. Unterwegs passieren wir zwei Beobachtungsstationen, wo wir zahlreiche Vögel beobachten können.

Vogelparadies: das Naturschutzgebiet Rieselfelder

Am Ende des Weges halten wir uns rechts und sind schon bald in Gimbte. Das mit einer Medaille ausgezeichnete Dorf hat einen größeren Bestand an älteren Häusern und ist deshalb als Ausflugsort beliebt (Gastronomie mit Biergärten). Wir durchqueren das liebliche Dorf Richtung Greven und halten uns am Ortsrand rechts. Wir befinden uns nun ganz in der Nähe der Ems, die wir einmal kurz berühren. Über eine Hauptstraße überqueren wir den Fluss und radeln am anderen Ufer über die Emspromenade von Greven (zunächst rechts zum Bad runter, um so die Hauptstraße zu unterqueren). Die Ems wird in diesem Abschnitt renaturiert. Wir verlassen den Fluss über die Fußgängerbrücke (Knotenpunkt 71 Richtung Altenberge) und unterqueren am Bahnhof von

Greven die Bahngleise. Auf der anderen Seite leiten uns die Radschilder links durch die Siedlung und schließlich rechts zu einem Feldweg.

Wir kommen bei einem Kreisverkehr aus (weiter Richtung Altenberge/Nordwalde). Neben uns sehen wir einen unscheinbaren Wassergraben. Er ist Bestandteil des Max-Clemens-Kanals, der ursprünglich mal Münster mit den holländischen Seehäfen verbinden sollte. Etwa 40 km konnten unter den beiden münsterländischen Fürstbischöfen Clemens-August I und Maximilian Friedrich von Königsegg-Rothenfels im 18. Jahrhundert verwirklicht werden. Der Kanal endete damals in Wettringen (Maxhafen). Im 19. Jahrhundert verlor der Kanal seine Bedeutung als Handelsweg, der Schiffsbetrieb wurde 1840 offiziell eingestellt.

Asphaltiert/
nicht asphaltiert:
90:10

Verkehrsarme
Straßen/autofreier
Streckenanteil:
65:35

Entdecken/Abschalten,
Entspannen:
20:80

Am nächsten Knotenpunkt 68 sowie auch am Knotenpunkt 69 an der T-Kreuzung orientieren wir uns Richtung Häger und dann anschließend Richtung Havixbeck/Altenberge. Die kleine Bauernschaft Hansell (weiße Kirche) lassen wir rechts liegen und kreuzen die Hauptstraße rechtsversetzt. An der Windmühle (ohne Flügel) geht es nun nach Süden. Die Landschaft wird etwas hügeliger und wir überqueren eine ausgebaute Landstraße. Der Ort Altenberge bleibt rechts von uns, während wir weiter Richtung Havixbeck radeln. Eine Brücke führt uns über eine Schnellstraße. Von hier aus haben wir ein Blick auf die nahen Baumberge.

An der alten Klosterwassermühle fahren wir links und an der nahen Hauptstraße ein Stück rechts auf dem begleitenden Fahrradweg und verlassen diesen nach ein paar hundert Metern links.

Unterwegs haben wir die Gelegenheit, über das Radwegenetz nach Havixbeck zu gelangen. Hier hätten wir eine Verbindung zur Tour 9 (siehe dort Tourenbeschreibung), die wir am Westerberg nach etwa neun Kilometern über Schloss Havixbeck erreichen.

Rüschhaus

Links führt uns diese Route in einem Bogen zu der berühmten Burg Hülshoff, wo wir eine Hauptstraße kurz berühren. Die Burg wird mit dem nahen Rüschhaus durch einen sogenannten Lyrikweg (www.lyrikweg.net) verbunden. Der Lyrikweg bietet uns an elf Themen-Stationen Kostproben von der Kunst der großen Dichterin Annette von Droste-Hülshoff. Unterwegs zum Rüschhaus passieren wir das kleine, hübsch anzusehende Anwesen Haus Vögeding, von dem noch Teile der Gräfte und der Vorburg erhalten sind. Es ist im privaten Besitz, aber von der Straße aus gut zu sehen. Annette von Droste-Hülshoff soll hier oft eine Wanderpause eingelegt haben. Beim Rüschhaus, das die Dichterin auch als ihre Trauminsel bezeichnete, halten wir uns Richtung Münster-Zentrum und überqueren die nahe Autobahn A1 – eine unangenehme Geräuschkulisse.

Wegen seiner bescheidenen Ausmaße fällt es schwer, das Haus Rüschhaus als Schloss zu bezeichnen. Allerdings ist es auch mehr als ein schlichtes Bauernhaus. Der berühmte Baumeister Johann Conrad Schlaun schuf diese geniale Kombination von beiden. Burg Hülshoff hat hingegen alle Attribute, die man mit einer Wasserburg verbindet, eine große Gräfte, eine Vorburg flankiert von zwei Türmen und eine Schlosskapelle. Beide historische Gebäude sind eng mit der Dichterin Annette von Droste-Hülshoff verbunden. In der Burg (sowie im Rüschhaus) ist das Droste Museum untergebracht. Es gibt zudem ein Café und die Möglichkeit für ein Picknick.
Schonebeck 6, 48329 Havixbeck,
Tel. 0251 591 6350, www.burg-huelshoff.de

SCHON GEWUSST?

Annette von Droste-Hülshoff (1797–1848) gilt mit ihren Werken (Knabe im Moor, Die Judenbuche) als bedeutendste Dichterin des 19. Jahrhunderts. Von Droste-Hülshoff entstammte einer Adelsfamilie, die seit Jahrhunderten durch kirchliche und hohe zivile Ämter eng mit der Geschichte des Münsterlands verbunden war. Aufgewachsen in einer gebildeten und aufgeklärten Familie sah sie schon früh ihre Berufung als Dichterin (s. a. unter Burg Hülshoff und Rüschhaus). www.droste-gesellschaft.de

Die kleine verkehrsarme Straße führt uns direkt zum Stadtrand von Münster. Es geht weiter geradeaus, wir überqueren eine Hauptstraße rechtsversetzt und erreichen schließlich die Promenade, die wir zu Beginn unserer Reise

Schloss Münster

schon kennengelernt haben. Wir passieren das stattliche fürstbischöfliche Schloss (heute Universität) und später den beliebten Aasee. Ein Verkehrsschild zeigt uns abschließend den Weg zum Hauptbahnhof.

Hinweis

Bei der Recherche dieses Reiseführers war bei dieser Tour das Knotenpunktsystem bisher teilweise installiert. Die Übersichtskarte nimmt die Nummernbezeichnung der Knotenpunkte vorweg. Es kann sein, dass Sie bei Ihrem Radausflug die Nummer des Knotenpunkts noch nicht vorfinden. Die Ausschilderung für Radfahrer ist jedoch vorhanden.

Unweit vom Aasee in Münster ist das Mühlenhof-Freilichtmuseum angesiedelt. Auf fünf Hektar kann man 30 historische Bauten aus vier Jahrhunderten besuchen. Innen sind die Häuser mit altem originalen Gut ausgestattet, so dass die Besucher einen echten Eindruck von den Gewohnheiten, Lebensumständen und Arbeitsweisen der Menschen aus vergangenen Zeiten erhalten.
Theo-Breider-Weg 1, 48149 Münster,
Tel. 0251 981200
www.muehlenhof-muenster.org

Im Allwetterzoo, wie der Name schon andeutet, ist der Besuch unabhängig von der Wetterlage möglich. Der Zoo zählt jährlich rund 500.000 Besucher, wozu auch 100 Folgen der hier gedrehten ARD-Serie „Pinguin, Löwe & Co.“ beitrugen. Im Zoogelände leben 3000 Tiere, die man hautnah erleben kann. Einzigartig ist das Westfälische Pferdemuseum über die Natur- und Kulturgeschichte des Pferdes. Auf dem Zoogelände gibt es auch Picknickplätze – sozusagen Picknick unter Geiern.
Sentruper Straße 315, 48161 Münster, Tel. 0251 89040
www.allwetterzoo.de

Tour-Infos

Ladestation Radlager
Stubengasse 22
48143 Münster

zumvosskotten
Am Vosskotten 1
48268 Greven

Burg Hülshoff
Schonebeck 6
48329 Havixbeck

Münster Information
Heinrich-Brüning-Straße 9
48143 Münster
Tel. 0251 4922710
www.stadt-muenster.de

WEITERE AUSFLUGSZIELE:

Rieselfelder
(Vogelschutzgebiet mit über 100 Teichen)
Hessenweg (Ausstellung Coermühle 100)
48157 Münster, Tel. 0251 161760
www.biostation-muenster.org

Gaststätten mit Biergarten

Restaurant Altdeutsche Schänke
Dorfstraße 18
48268 Greven-Gimbte
Tel. 02571 2261
www.altdeutsche-schaenke.de

zumvosskotten
Am Vosskotten 1
48268 Greven
Tel. 02571 2430
www.zumvosskotten.de

Burg Hülshoff
(mit Picknickplätze)
Schonebeck 6
48329 Havixbeck
Tel. 02534 1052
www.burg-huelshoff.de

Münster
Reichlich Gaststätten, insbesondere am Prinzipalmarkt

TOUR 11

Münsterland vom Flussufer aus gesehen:

Die Wersetour

Die Werse entspringt in einer Stadt: Beckum (abgeleitet von Heim an Bächen) und mündet nach 67 Kilometern nördlich von Münster in die Ems. Auf einem großen Teil dieser Tour begleiten wir den Fluss meist in Ufernähe. So sehen wir die Landschaft überwiegend mal aus der Perspektive eines Flusses. Wir erleben viele Angelstellen, Ferienhäuser, Wasservögel, Kanuten, Wassermühlen usw. Trotz der Streckenlänge von 20 Kilometern hat der Fluss ein Gefälle von nur wenigen Metern. Mit dem Ort Telgte an der Ems haben wir hier ein richtiges Kleinod als Start- und Zielpunkt.

3:30 Std.

52 km

Ein sehr großer Teil dieser Route ist nicht asphaltiert (reizvolle Uferwege), keine Steigungen

Die Werse bei Albersloh

Die Tourdaten auf einen Blick

Parkplatz Planwiese
Emstor 5
48291 Telgte

Bahnhof Telgte (RB 67 Münster – Rheda) oder alternativ Bahnhof Münster (aus allen Richtungen zu erreichen – 12 Linien des Nahverkehrs)

Diese Route ist auch gut von Münster zu erreichen (5 Kilometer).

STRECKENPROFIL

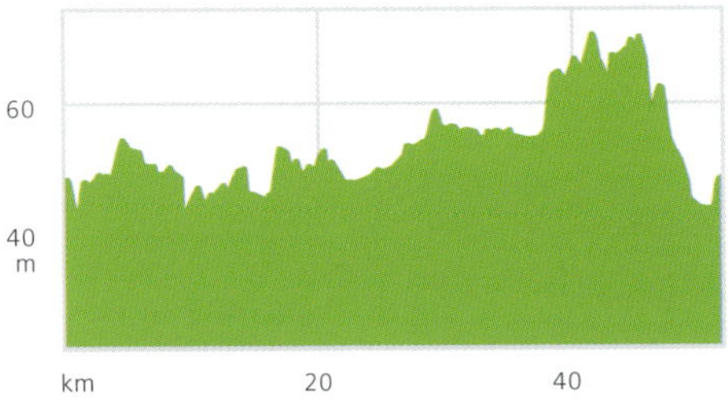

MAX. HÖHE
70 M

FAMILIEN

Weite Strecken ziehen sich durch eine ruhige Landschaft. Die Uferwege an der Werse und an der Ems in Telgte sind sehr reizvoll.
Spaßfaktor:

★★★★☆

GASTRO

Unterwegs gibt es nur ein Lokal, aber mit einem sehr schönen Biergarten an der Werse.
Gastro-Dichte:

★★★★☆

UNTER STROM

Unterwegs gibt es keine Tankmöglichkeit, dafür haben wir keine Steigungen und die Distanz ist überschaubar.
Schubkraft:

★★★★☆

Emswehr am Jugendtreff in Telgte

Vom Bahnhof in Telgte führt uns die „Bahnhofstraße" direkt (Knotenpunkt 4 Richtung Emsradweg) ins Zentrum zum kleinen hübschen Marktplatz, der komplett von Außengastronomie genutzt wird. Vielleicht eine Idee zum Ende unserer heutigen Radtour. Direkt beim Marktplatz finden wir die Hauptattraktion von Telgte, die Wallfahrtskapelle mit ihrer spätgotischen Marienfigur und die große gotische Propsteikirche St. Clemens. Bei der Kirche (Knotenpunkt 42) überqueren wir die Ems und danach geht es durch einen Picknickpark mit knallroten Bänken. Wir nutzen den Emsradweg und begleiten die Ems ein Stück.

Bekannt ist Telgte als Wallfahrtsort. Ziel der jährlich 100.000 Pilger ist die etwa 350 Jahre alte unscheinbare Wallfahrtskapelle, in der eine geschnitzte Pietà aus dem Mittelalter steht. Eine der größten Wallfahrten Deutschlands steuert von Osnabrück jeweils im Juli (bis zu 10.000 Teilnehmern) den kleinen Ort an der Ems an. In unmittelbarer Nachbarschaft der Kapelle ist die Adresse des Westfälischen Museums für religiöse Kultur (Religio). Wertvollstes Objekt des Museums ist das 32 qm große Telgter Hungertuch. Sehr beliebt ist die alljährliche Krippenausstellung zum Winter. Hinter der Wallfahrtskapelle erhebt sich die gotische Hallenkirche St. Clemens. Idyllische Gassen, Plätze und Nischen in der historischen Altstadt Telgtes spiegeln zudem die mittelalterlichen Strukturen wider und vermitteln eine besonders gemütliche Atmosphäre. Nicht nur Gebäude haben hier die Wirren von Jahrhunderten überstanden. In Telgte steht auch mit der ca. 750 Jahre alten Marienlinde einer der ältesten Bäume Deutschland (beim „Münstertor"). Wer nun alles gesehen hat, sei im Dümmert-Park an der Ems zum Picknick eingeladen. „Zickzackbänke" und andere Sitzmöglichkeiten stehen für dieses Vorhaben bereit.

RELíGIO – Westfälisches Museum für religiöse Kultur:
Herrenstraße 1-2, 48291 Telgte,
Tel. 02504 93 120,
www.museum-telgte.de

Wallfahrtskapelle Telgte

Autofahrer finden einen geeigneten Parkplatz auf der „Palmwiese", wo die nahe Fußgängerbrücke über die Ems und zum Emsradweg führt.

Die ausgeschilderte Radroute wechselt später das Emsufer, während wir noch einige hundert Meter auf dem Uferweg bleiben und ihn bei der gelben Bank bzw. an der Stelle, wo der Weg enger wird, verlassen. Dieser Pfad endet bei einer kleinen Straße, wo wir die Radzeichen wiederfinden (links einbiegen). Die Route wendet sich dem Süden zu, quert die Hauptstraße und die Bahngleise und führt auf einen Windpark zu, der etwas höher liegt. Wir halten uns bei den Verkehrsschildern Richtung Everswinkel, das wir nach gut fünf Kilometern erreichen. Das moderne Ortszentrum lässt an Gemütlichkeit missen. Um die spätgotische Hallenkirche St. Magnus (rechts abbiegen) stehen allerdings noch einige ältere Häuser. Es lohnt auch ein Blick in den Kirchenbau mit seinem romanischen Kirchturm.

SCHON GEWUSST?

Votivgaben

Der Name kommt aus dem Lateinischen („Votum"). Es ist ein alter Brauch, den Dank für die Erhörung einer Bitte mit einer Gabe an einem Gnadenbild auszudrücken. Diese Gaben waren verbunden mit einem vorab gegebenen Gelübde. Votivgaben können Kleinigkeiten sein oder sogar ganze Gebäude oder Liegenschaften. In jüngerer Zeit sind es oft schlichte Tafeln mit einer einfachen Inschrift. In der Wallfahrtskapelle von Telgte gibt es 400 Votivtafeln und zahlreiche Schmuckweihegaben, sowie vier Gemälde. www.telgter-wallfahrt.de

Emsaue bei Telgte

Die Kirche zeichnet sich aus durch ihre reiche gotische Deckenmalerei, bunten Fenster und das riesige Sakramentshaus.

Asphaltiert/ nicht asphaltiert:
60:40

Verkehrsarme Straßen/autofreier Streckenanteil:
55:45

Entdecken/Abschalten, Entspannen:
10:90

Die Radschilder führen danach links weg, um in einem Bogen dann wieder auf der Kreisstraße auszukommen. Insofern können wir gleich auf der Hauptstraße bleiben, die von einem gut ausgebauten separaten Radweg begleitet wird. So gelangen wir alsbald in die nahe Gemeinde Alverskirchen. Ab hier orientieren wir uns ausschließlich Richtung Albersloh (Knotenpunkt 19 und später 9). Unmittelbar hinter dem Ortsrand verlassen wir die Hauptstraße. Die Route führt nun kurvenreich durch eine typische münsterländische Parklandschaft mit kleinen Wäldchen und stattlichen Bauernhäusern. Auf unserer linken Seite sehen wir eine Zeit lang in Entfernung das Herrenhaus Gut Brückhausen mit seinen alten Dachgiebeln.

Am Ende dieser Wirtschaftswege stehen wir überraschend vor Albersloh. Die Hauptverkehrsstraße führt leider mitten durch den Ortskern, wodurch das Städtchen unruhig wirkt. Die Schilder leiten über die Werse, wo wir auf den „WerseRadweg" stoßen (Knotenpunkt 47), der durch gelbe Schilder mit einem stilisierten W markiert ist. Diese kleinen Schilder finden wir auch Fahrradverkehrsschildern. Ein ungewöhnliches Verbotsschild weist darauf hin, dass für Menschen mit Herzschrittmachern dieser Streckenabschnitt nicht geeignet ist. Den Grund sehen wir später. Ein Militärgebiet mit Kurzwellensendern grenzt unmittelbar an die Werse und den Radweg.

Auf dem WerseRadweg

Die nächsten 20 Kilometer bleiben wir immer auf dem WerseRadweg (gelbes Schild). Weitgehend haben wir dabei Sichtkontakt mit dem Fluss, der träge und windungsreich in nördliche Richtung fließt. Fast die gesamte Strecke ist autofrei. Auf dem ersten Teil gibt es auch Picknickplätze. Nach einer überaus reizvollen Fahrt passieren wir das beliebte Ausflugslokal Pleistermühle, wo wir die Uferseite wechseln.

Pleistermühle

Die Radler unter uns, die vielleicht Münster besuchen wollen oder von dort mit dem Zug angereist sind, müssten hier den WerseRadweg verlassen und links abbiegen. Bis Münster geht es dann erstmal immer geradeaus und dann durch das Mauritzviertel mit seiner St.-Mauritz-Kirche (der älteste erhaltene Kirchbau von Münster) oder alternativ die Strecke wieder am Kanal (siehe unten).

Wir bleiben noch etwas auf dem schönen WerseRadweg bis kurz vor Handorf, wo ein Verkehrsschild Richtung Telgte/Handorf weist.

Wir berühren den Ortsrand von Handorf und fahren bald quer durch die Landschaft. Wir passieren das abseits gelegene Übungsgelände des Instituts für Feuerwehr, wo wir bei der nächsten Kreuzung links abbiegen („Lauheider Straße") und damit das Radwegenetz kurz verlassen, um dann anschließend über den Emsradweg nach Telgte zu radeln. Die „Lauheider Straße" ist relativ breit und kaum befahren, also ein geeigneter Streckenabschnitt, um mal die Höchstgeschwindigkeit unseres E-Bikes zu testen. Diese Straße endet bei dem großen Waldfriedhof Lauheide. Auf diesem Friedhof, mit über 35.000 Gräbern, gibt es 100 verschiedene Vogelarten und er gilt als einer der schönsten in Deutschland.

Waldfriedhof Lauheide

Hier finden wir unser Radwegenetz wieder (rechts einbiegen). Hinter der Umgehungsstraße der Bundesstraße 51 (Hochbrücke) verlassen wir den begleitenden Radweg und sind nun auf einem einfachen Pfad direkt am Emsufer. Fast unbemerkt durchradeln bereits das Stadtgebiet von Telgte und finden uns ganz unvermittelt vor der Propsteikirche St. Clemens wieder, die wir schon bei unserem Tourenbeginn kennengelernt haben. Hier geht es rechts zum Telgter Bahnhof. Zum Autoparkplatz fahren wir links bis zur Emsbrücke, wo auf der anderen Seite der Ems der Parkplatz liegt.

Anfahrt vom Münster Hauptbahnhof
(5,5 Kilometer)

Die Radler, die über den Hauptbahnhof Münster anreisen, nutzen dort den neuen Ostausgang (also nicht zur Stadtmitte hin). Links führt die „Schillerstraße" (als Fahrradstraße ausgewiesen) uns bis zum Dortmund-Ems-Kanal. An dieser Stelle liegt auch der Stadthafen, der sich vom Güterumschlagplatz zum Kreativkai entwickelt. Auf der anderen Kanalseite nutzen wir den gleichnamigen Radweg (DEK-Route) Richtung Norden (links). Bei der vierten Brücke („Pleistermühlenweg") verlassen wir den Kanal und erreichen über die kleine Straße nach knapp drei Kilometern an der alten Wassermühle mit dem beliebten Ausflugslokal die Werse und diese Radroute.

Hinweis
Bei der Recherche dieses Reiseführers war bei dieser Tour das Knotenpunktsystem noch nicht komplett installiert. Die Übersichtskarte nimmt die Nummernbezeichnung der Knotenpunkte vorweg. Es kann sein, dass Sie bei Ihrem Radausflug die Nummer des Knotenpunkts noch nicht vorfinden. Die Ausschilderung für Radfahrer ist jedoch vorhanden.

Tour-Infos

Ladesäule am Marktplatz
Markt 1
48291 Telgte

Everswinkel
Im Ortszentrum

Tourismus + Kultur Telgte
Kapellenstraße 2
48291 Telgte
Tel. 02504 690100
www.telgte.de

Gaststätten mit Biergarten

Telgte
Gaststätten im historischen Ortskern (Marktplatz)

Landgasthof Pleister Mühle
Pleistermühlenweg 196
48157 Münster
Tel. 0251 136760
www.pleistermuehle.de

TOUR 12

Im äußersten Nordwesten:

Das Münsterländer Emstal

Wir befinden uns am Oberlauf der Ems. Die Bezeichnung Tal ist etwas übertrieben. Der Fluss hat sich nur wenige Meter in der flachen Region eingegraben. Die Emsauen im weiteren Umkreis von Warendorf werden begleitet von zahlreichen Naturschutzgebieten. Es überwiegt ackergeprägte offene Kulturlandschaft. Im Süden dieser Route gibt es eine kleine Überraschung. Dort, wo wir kurz die Beckumer Berge berühren, steht die einzige Höhenburg des Münsterlands. Hier haben wir den schönsten Weitblick von den zwölf Touren dieses Buches.

5:00 Std.	76 km	Relativ lange Tour mit einer größeren Steigung gleich zum Anfang

Marktplatz mit Kirche
St. Laurentius, Warendorf

Die Tourdaten auf einen Blick

Kulturgut Haus Nottbeck
Landrat-Predeick-Allee 1
59302 Oelde

Bahnhof Rheda-Wiedenbrück
(RE 6 Köln – Minden,
RB 67 Münster – Bielefeld,
RB 69 Hamm – Bielefeld)
unterwegs: Bahnhöfe Warendorf, Clarholz, Herzebrock (jeweils RB 67)

Von Warendorf kann man über den „Ems-Radweg" nach Telgte (siehe Tour 11) gelangen.

STRECKENPROFIL

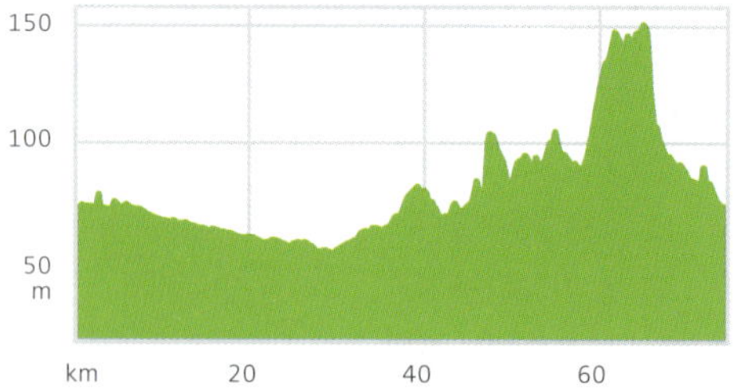

MAX. HÖHE
151 M

FAMILIEN

Es gibt mehrere Parks und einen Berg mit einer tollen Aussicht, eine längere Distanz (ggf. nur bis Warendorf fahren und von dort mit der Bahn zurück nach Rheda).
Spaßfaktor:

★★★★☆

GASTRO

Wir durchqueren einige Ortschaften und haben insofern einige Einkehrmöglichkeiten.
Gastro-Dichte:

★★★★★

UNTER STROM

Eine längere Tour, die gleich zum Anfang mit der einzigen größeren Steigung beginnt. Unterwegs gibt es Ladestationen.
Schubkraft:

★★★★☆

Nordrhein-Westfälisches Landgestüt, Warendorf

Vom Bahnhof Rheda aus halten wir uns kurz rechts zum nahen Kreisverkehr, wo ein Radwegeschild uns auf unser nächstes Ziel Stromberg hinweist. Rheda wirkt am Bahnhof sehr unruhig und weniger einladend. Umso überraschender ist es, südlich der Stadtkirche und unweit von dem etwas überdimensioniert wirkenden weißen Rathausgebäude ein ganzes Fachwerkviertel vorzufinden. Über einen kleinen Weg („Steinweg") geht es zum nahen Schloss Rheda. Mit seiner Vorburg und den Wirtschaftsgebäuden, finden wir ein homogenes Bild aus dem 18. Jahrhundert vor. Direkt am Schloss schließt der Flora Westfalica Park an (mit einem Rosengarten mit 4000 Rosen).

Schloss Rheda

Wir benötigen etwas Zeit, um die Stadt hinter uns zu lassen, und biegen vor einem Waldstück links von der Ausgangsstraße ab (Richtung Wiedenbrück) und bei einer T-Kreuzung rechts Richtung Stromberg. Nach weiteren gut drei Kilometern geht es links ab (Knotenpunkt 47) in einen schönen Wirtschaftsweg.

Durch die kommunale Neugliederung 1970 wurden zwei etwa gleich große Städte (Rheda-Wiedenbrück) vereint, die jahrhundertelang trotz der räumlichen Nähe (drei Kilometer) durch eine unterschiedliche Geschichte geprägt wurden. Die Doppelstadt besitzt gleich zwei Altstädte. In Rheda dominieren einfache Fachwerkhäuser zwischen „Doktorplatz" und „Widumstraße" und bilden ein historisches Ensemble aus dem 18. Jahrhundert. Das Zentrum von Rheda bildet das gleichnamige Schloss. Das Schlossgebäude liegt auf einen kleinen Hügel, umgeben von einer Gräfte. Markantes Bauteil ist der massive Kapellenturm (zugleich auch Tor- und Wohnturm). Das Schloss ist umgeben von einem öffentlich zugänglichen Schlossgarten, zu dem weitere historische Gebäude (Wassermühle, Orangerie) gehören. Das Wasserschloss ist Wohnsitz der Fürstenfamilie zu Bentheim-Tecklenburg und teilweise als Museum zugänglich.
Steinweg 2, 33378 Rheda-Wiedenbrück,Tel. 05242-947125,
www.schloss-rheda.de

Wallfahrtskirche Heilig-Kreuz-Kirche Stromberg – wie der Name schon andeutet, ist hier der Gegenstand der Wallfahrt ein Kruzifix, dass mutmaßlich schon über 1000 Jahre alt ist. In einem Medaillon an der Brustseite des Corpus befindet sich als Reliquie ein angebliches Partikel vom Heiligen Kreuz. Die Kirche besitzt ungewöhnlicherweise keinen Kirchturm. Die Gotische Hallenkirche liegt an einer exponierten Stelle über einem Hang. Bei guter Wetterlage ist eine Weitsicht bis zum Sauerland möglich. Auf dem Platz vor der Kirche steht der große Paulusturm als Überbleibsel der Burg Stromberg, der einzigen Höhenburg des Münsterlandes. Der alte Festungsturm hat eine neue Bestimmung gefunden. In seiner Spitze hängen die Glocken der Wallfahrtskirche. Etwas zurückgelegen findet sich auf dem Platz ein weiteres historisches Gebäude – das Mallinckrodthaus. Es wurde bereits in der Spätgotik als Burgmannshaus errichtet.
www.burgdorf-stromberg.de

Hinter dem Bach stoßen wir auf einen Hotspot für Ausflügler. Das repräsentative Anwesen „Kulturgut Haus Nottbeck" (www.kulturgut-nottbeck.de) lädt zu einer Rast ein. Eigentümer ist der Kreis Warendorf, der sich der ehemaligen Besitzerin gegenüber verpflichtete, hier ein Museum für westfälische Literatur zu schaffen. Zu der Anlage gehört ein Café (nur am Wochenende geöffnet) und ein Obstgarten mit einem Picknickplatz. Hier nehmen wir auch die Radler auf, die mit dem Auto angereist sind.

Haus Nottbeck

Nach diesem angenehmen Zwischenstopp erwarten uns die Beckumer Berge. Dabei sind 80 Höhenmeter zu überwinden. Dafür gewährt uns der Höhenzug einen weiten Ausblick auf den Teutoburger Wald und die Vorberge des Sauerlands. Ein hübsches Plätzchen gibt es bei der Wallfahrtskirche. Hier haben wir auch einen schönen Blick auf den 30 Meter hohen Paulusturm, den letzten Rest der einzigen Höhenburg im Münsterland.

Wir folgen wieder unseren Radwanderzeichen (Knotenpunkt 48 Richtung Oelde), die uns zum Teil über schmale Forstwege abwärts in das nahe Oelde führen. Wir überqueren dabei die Autobahn A2 und kommen in dem Ort am Vier-Jahreszeiten-Park (mit Kindermuseum und Picknickplatz) aus. Wir fahren rechts zum Zentrum und nach 300 Metern an einer beampelten Kreuzung (Knotenpunkt 34) links Richtung Ostenfelde.

Paulusturm in Stromberg

Aus der Landesgartenschau von 2001 ist der Vier-Jahreszeiten-Park entstanden. Highlight ist der Blütenzauber von zigtausend Blumen, der im April beginnt. Ein Promenadenweg führt durch die verschiedenen Themengärten im Park. Neben vielen Attraktionen (Picknickhäuser, Parkbad etc.) hat der Park mit seinem Kindermuseum, der gläsernen Küche und großen Spielplätzen einen Schwerpunkt für Kinder. Konrad-Adenauer-Allee 20, 59302 Oelde, Tel. 02522 72-0, www.vier-jahreszeiten-park.de

Asphaltiert/
nicht asphaltiert:
95:5

Verkehrsarme
Straßen/autofreier
Streckenanteil:
85:15

Entdecken/Abschalten,
Entspannen:
25:75

Dabei berühren wir den gemütlichen Ortskern (an der Kirche gibt es nette Lokalitäten unter den Schatten von Bäumen). Schon bald führen uns die Radverkehrszeichen über Schleichwege aus dem Ort hinaus und eine Betriebszufahrt lenkt uns über die Bahngleise. Nun tauchen wir ein in die münsterländische Parklandschaft. Schon bald sehen wir auf der rechten Seite die Schlossanlage Geist (Knotenpunkt 42). Wir müssen uns damit begnügen das architektonische Meisterwerk im Stil der Lippe-Renaissance vom Weg aus zu betrachten (Privatbesitz). In seiner jahrhundertealten wechselvollen Geschichte war es zeitweise auch eine Niederlassung der Jesuiten. Wir umradeln den wasserumsäumten ehemaligen Adelssitz und biegen am nahen Waldrand links in einen Forstweg. Das Hinweisschild zu einer Burgruine können wir ignorieren. Burg Nienburg besteht nur noch aus ein paar Mauerresten und ist eher etwas für Spezialisten.

Unsere nächste Ortschaft Ostenfelde (über Knotenpunkt 16) befindet sich überraschenderweise in einer Senke. Unsere Abfahrt wird an einer Hauptstraße abgebremst, der wir für ein kurzes Stück folgen, um danach bei einem hübsch aussehenden Plätzchen rechts (Knotenpunkt 21 Richtung Warendorf) auf die eigentliche Sehenswürdigkeit des Ortes zuzusteuern. Haus Vornholz ist eine ausgedehnte Schlossanlage auf zwei Inseln. Der heutige Gebäudebestand ist etwa 300 Jahre alt. An einem Warnschild (fliegende Golfbälle) erkennen wir, dass wir einen Golfplatz durchqueren. Nach knapp drei Kilometern halten wir uns am nächsten Knotenpunkt 66 links Richtung Westkirchen, das wir schon bald erreichen. Im Ort überqueren wir die Hauptstraße linksversetzt und biegen dann nach 300 Metern halb rechts ab („Münsterlandstraße"). Hier müssen wir etwas aufpassen, denn der Knotenpunkt 54 befindet sich leider etwas zurückversetzt auf der linken Seite. Auf der rechten Seite gibt es ein Wartehäuschen. Am Ortsrand gelangen wir auf eine autofreie Strecke, auf der bis kurz nach dem Krieg Züge der Westfälischen Landeseisenbahn von Neubeckum nach Warendorf fuhren. Wir stoßen bald auf eine kleine Hauptstraße, die wir ein kurzes Stück begleiten, um sie dann geradewegs zu überqueren.

Die kleine Ortschaft Freckenhorst wird überragt von der fünftürmigen Stiftskirche St. Bonifatius. Der Damenstift wurde bereits im 9. Jahrhundert von einem sächsischen Adeligen gegründet. Das jetzige romanische Kirchengebäude ist 900 Jahre alt. Mit seinem meisterhaft gestalteten uralten Taufstein (ältestes bekanntes Zeugnis niederdeutscher Sprache) und einem erhaltenen Kreuzgang sowie dem umfangreichen Geläutebestand (12 Glocken) zählt die Stiftskirche zu den wichtigsten Sakralbauten Westfalens. Direkt neben der Kirche liegt das prachtvolle Barockschloss der Grafen von Westerholt und Gysenberg.
Stiftskammer: Tel. 02581 98 00 77

Nach ca. 2,5 Kilometern weist ein Fahrradverkehrsschild (Knotenpunkt 81) auf den Ort Freckenhorst hin. Liebhabern sakraler Bauten würde ich diesen Abstecher empfehlen. In Freckenhorst steht die sehenswerte Stiftskirche St. Bonifatius, deren wesentliche Bauteile noch aus dem 11. und 12. Jahrhundert stammen. Das mächtige Westwerk wirkt so imposant, dass diese Kirche landläufig auch als Bauerndom bezeichnet wird. Von Freckenhorst aus geht es dann über eine Hauptstraße (mit Radweg) ins vier Kilometer entfernte Warendorf.

Warendorf wurde weitgehend von den Bomben des Zweiten Weltkriegs verschont und besitzt eine der besterhaltenen Altstädte Norddeutschlands. In seinem 40 Hektar großen Ortskern gibt es über 600 historische Gebäude. Insbesondere am Marktplatz präsentieren sich stolze Bürgerhäuser mit herrlichen Giebeln und kunstvollen verzierten Flaschenzügen. Im Hintergrund erhebt sich der neugotische Turm der katholischen Pfarrkirche St. Laurentius, die einen der größten bemalten Flügelaltare beherbergt. Idyllische Ecken gibt es eigentlich überall im Ortskern. Bekannt ist Warendorf jedoch als Pferdehauptstadt. Die Stadt ist auch Standort des Westpreußischen Landesmuseums (im ehemaligen Franziskanerkloster).

Westpreußisches Landesmuseum
Franziskanerkloster: Klosterstraße 21, 48231 Warendorf,
Tel. 02581 92777-13, www.westpreussisches-landesmuseum.de

Unsere Route erreicht über Seitenwege das Zentrum von Warendorf mit seinem vollständig erhaltenen historischen Stadtkern. Am Markt gibt es einladende Außengastronomie. Links am Marktplatz führen uns die Richtungsschilder (Knotenpunkt 1 Richtung Sassenberg) zur Ems, wo wir genau zwischen zwei Emsbrücken rechts abbiegen. Ein Stück weiter nördlich liegt das Landesgestüt NRW. Das Gestüt ist für Pferdeliebhaber ein Muss und bietet unterjährig attraktive Veranstaltungen (z. B. Hengstparade) an.

Der Emssee in Rheda-Wiedenbrück

Unser Weg führt durch den reizvollen Emspark und am Emssee vorbei. Nachdem wir das Freibad umfahren haben, begleiten wir die Ems noch ein Stück und fahren nach der Unterquerung der Umgehungsstraße über eine Radbrücke (Knotenpunkt 20 Richtung Harsewinkel). Die Route führt mit Abstand längs der Bundesstraße und dann in einem Schlenker links an ein paar stattlichen Bauernhöfen vorbei. An der nächsten Vorfahrtstraße fahren wir entgegen der ausgeschilderten Fahrroute rechts! Wir überqueren bald die verkehrsreiche Bundesstraße 64 und treffen am Ende der Straße wieder auf eine ausgeschilderte Fahrradroute (links). Auf dieser Straße bleiben wir die nächsten zehn Kilometer. Wir müssen nicht auf Schilder oder Kreuzungen achten und können uns unseren Gedanken hingeben.

Fahrradschilder Richtung Beelen werden dabei ignoriert, denn zwei Kilometer weiter führt auch das Radwegenetz wieder über diese Straße. Erst kurz vor Clarholz endet diese Straße an einer T-Kreuzung, auf der wir links einbiegen und bald den historischen Ortskern erreichen. Direkt an der Klosterkirche gibt es einladende Außengastronomie. Wir überqueren im Ort erneut die verkehrsreiche Bundesstraße (Richtung Wieden-

SCHON GEWUSST?

Im Wappen von NRW ist ein Pferd (für den westfälischen Teil) abgebildet. Zu Recht, denn mit mehr als 100.000 Pferden und über 1.000 Pferdehöfen ist das Münsterland eine der pferdereichsten Regionen Europas. Für Reiter wurde sogar eine ca. 1.000 km lange Reitroute entwickelt. Die Stadt Warendorf gilt als Hotspot des Pferdesports. Sie ist Sitz des Bundesverbands für Pferdesport, des Deutschen Olympiade-Komitees und Standort des Nordrhein-Westfälischen Landgestüts. In der „Walk of Fame" sind die bisherigen 15 Olympiasieger verewigt. Ein weiteres Highlight im Münsterland sind die Wildpferde von Dülmen (siehe Tour 7). www.landgestuet.nrw.de

brück und Herzebrock) und biegen anschließend rechts ab, wo wir langsam über eine Nebenstraße den Ort verlassen.

Schon bald darauf erreichen wir die Ortsgrenze von Herzebrock, dessen Gründung ebenfalls auf ein Kloster zurückgeht. Die erhaltenen Klostergebäude liegen in einen schönen Park eingebettet. Auch hier finden wir am schattigen Kirchplatz eine Gaststätte mit Außengastronomie. Wir verlassen über eine gerade verlaufene Straße die Ortschaft und erreichen schon kurz darauf (ca. vier Kilometer) hinter einem Waldstück unseren Ausgangspunkt Rheda. Direkt hinter der Bahnbrücke findet sich auf der linken Seite der Bahnhof von Rheda.

Bei Herzebrock-Clarholz handelt es sich eigentlich um zwei Städte, die fünf Kilometer auseinander liegen. Beide Ortschaften haben ihren Ursprung in einem Kloster, dass im Mittelalter gegründet wurde. Vom Benediktinerinnenkloster Herzebrock ist ein Gebäudeensemble aus dem 17. Jahrhundert zu sehen. Direkt daneben liegt die Pfarrkirche St. Christina mit einem romanischen Turm. Die Gründung des Prämonstratenserklosters in Clarholz erfolgte 200 Jahre später. Bedeutendstes Bauwerk ist das 300 Jahre alte Propsteigebäude. Beide Klostergärten wurde in jüngerer Zeit in Anlehnung an barocken Gartenanlagen neugestaltet und sind frei zugänglich.
Heimatstube Herzebrock, Klosterstraße 7, Tel. 05245 2785

Hinweis
Bei der Recherche dieses Reiseführers war bei dieser Tour das Knotenpunktsystem noch nicht komplett installiert. Die Übersichtskarte nimmt die Nummernbezeichnung der Knotenpunkte vorweg. Es kann sein, dass Sie bei Ihrem Radausflug die Nummer des Knotenpunkts noch nicht vorfinden. Die Ausschilderung für Radfahrer ist jedoch vorhanden.

Tour-Infos

Markt
Fleischhauerstr./
Ecke Markt
48231 Warendorf

Café Terholsen
Daudenstraße 8
59302 Oelde-
Stromberg

Markt Oelde
Am Markt 1
59302 Oelde

FLORA WESTFALICA
Rathausplatz 8 – 10
33378 Rheda-Wiedenbrück
Tel. 05242 9301-0
www.rheda-
wiedenbrueck.de

Forum Oelde
Ratsstiege 1
59302 Oelde
Tel. 02522 72-0
www.oelde.de

Tourist-Information
Emsstraße 4
48231 Warendorf
Tel. 02581 545454
www.warendorf.de

WEITERE AUSFLUGSZIELE:

Flora Westfalica
Ehemalige Landesgartenschau von 1988. Sie zieht sich vom Schloss Rheda bis nach Wiedenbrück.

Gaststätten mit Biergarten

Kulturgut Haus Nottbeck
(mit Picknickplatz Obstwiese)

Landrat-Predeick-Allee 1
59302 Oelde
Tel: 02529 94 97 900
www.kulturgut-
nottbeck.de

Café Terholsen

Daudenstraße 8
59302 Oelde-Stromberg
Tel. 02529 291
www.cafe-terholsen.de

Warendorf

Gaststätten im historischen Ortskern (Marktplatz)

Picknickplatz nahe der Emsbrücke

Alte Herrlichkeit

Ostbezirk 3
48231 Warendorf
Tel. 02581 7825007
www.herrlichkeit1870.de

WEITERFÜHRENDE LINKS

Vor über 130 Jahren wurde durch die Initiative des Münsteraners Otto Sarrazin das Wort Fahrrad anstelle „Veloziped" in der deutschen Sprache eingeführt. Das Münsterland zählt bundesweit zu den Vorreitern des Fahrradtourismus. Die bekannte „100-Schlösser-Route" gilt als Mutter aller Fahrradrouten. Es gibt 4.500 Kilometer ausgeschilderte Wege. Man müsste also monatelang im Münsterland radeln, um alles zu sehen.
Das bewährte Knotenpunktsystem war in der Region zum Zeitpunkt der Recherche im Jahr 2022 noch nicht flächendeckend installiert.

Übersicht der schönsten Picknickplätze im Münsterland
www.muensterland.com (mit Suchwort „Picknickplätze)

Alles Wissenswerte über das Münsterland und auch Serviceseiten für Radfahrer
www.muensterland.com

Alles über die Touristikregion Baumberge im Kernmünsterland
www.baumberge-touristik.de

Wissenswertes über Gärten im Münsterland
www.gaerten-in-westfalen.de (unter Region Münsterland)

Service rund ums Fahrrad (z. B. Koffertaxi)
www.muensterlandrad.de

Mobilitätsangebot im Westmünsterland
www.fietsenbusse.de

Information über Reisen mit der ÖPNV
www.mobil.nrw

INFO

Die GPX-Daten zu den Radrouten finden Sie unter
https://klartext-verlag.de/gpx-daten